Hannover – Calgary
May 27th 2005

Nino-Jasmin Barthel

Michael Krische

Hannover

Hauptstadt der Niedersachsen

Hanover – capital of Lower Saxony

Hanovre – capitale de la Basse-Saxe

Medien-Verlag Schubert

M V S

ISBN 3-929229-58-7

Copyright © 1998
by Medien-Verlag Schubert, Hamburg
Alle Rechte, auch des auszugsweisen Nachdrucks und
der fotomechanischen Wiedergabe, vorbehalten.
Gestaltung: Andreas Baden
Englische Übersetzung: Adelheid Kaessens
Französische Übersetzung: Joest Schauder
Druck: C. H. Wäser GmbH & Co KG
Printed in Germany

Inhalt

Contents

Contenu

Vorwort

Hannover ist eine Stadt im Wandel. Durch ihre großen Messen, Ausstellungen und Kongresse hat sie sich nach dem Zweiten Weltkrieg aus den Trümmern zu einem internationalen Treffpunkt, zu einer Börse von Ideen und Innovationen entwickelt. Die deutsche Wiedervereinigung und die Öffnung der europäischen Grenzen hat diese Rolle im Herzen unseres Kontinentes noch verstärkt und gefestigt. Hannover ist von seiner ehemaligen Randlage in die Mitte Europas gerückt.

Der Zuschlag für die Weltausstellung Expo 2000 unter dem Motto „Mensch – Natur – Technik" hat der Landeshauptstadt Niedersachsens einen weiteren Schub gegeben, der weit ins neue Jahrhundert nachwirkt. Hannover sieht aufgeschlossen in die Zukunft, ist stets aber auch seinen Traditionen treu geblieben. Das wußte schon einer der berühmten Söhne unserer Stadt, der Künstler und Dadaist Kurt Schwitters, als er Anfang der zwanziger Jahre Betrachtungen über den Namen Hannovers anstellte. Er drehte den Namen um und kam so auf die Silbenfolge „re von nah". Das übersetzte er als „Rückwärts von nah", um daraus zu folgern, daß „dann die Übersetzung des Namens Hannover von vorn lauten würde: Vorwärts nach weit". Das hieße also, so Schwitters, „Hannover strebt nach vorwärts, und zwar ins Unermeßliche". Diese Definition hat uns Hannoveranerinnen und Hannoveranern so gut gefallen, daß wir sie in Metall gegossen und als Platte ins Pflaster der Knochenhauerstraße in der Altstadt eingelassen haben. In dichterischer Freiheit – und vielleicht ein klein wenig Übertreibung – hat Kurt Schwitters mit seinen Überlegungen ins Schwarze getroffen. Auch das vorliegende Buch macht deutlich, wie sich das moderne Hannover aus den Wurzeln seiner Vergangenheit entwickelt hat. Ich lade alle Besucherinnen und Besucher herzlich ein, sich die Schönheiten unserer Stadt, die dieser Fotoband zeigt, auch im Original anzusehen.

Herbert Schmalstieg
Oberbürgermeister

Foreword

Hanover is a changing city. Due to its great trade fairs, exhibitions and congresses it has grown out of the ruins of the Second World War and become an international meeting point, a market for ideas and innovation. German Reunification and the opening of Europe´s borders has strengthened and confirmed this position in the heart of our continent. Hanover has moved from the fringe to the centre of Europe.

Winning the world Expo 2000, with its motto "Man – Nature – Technology" has given the capital of Lower Saxony a further push, which will have effects well into the new century. Hanover is open to the future, but remains true to her traditions. This was clear to one of the famous sons of the city, the artist and Dadaist Kurt Schwitters, who, in the early Twenties, gave some thought to the name Hanover. He wrote the name backwards (the German spelling is Hannover) and so came up with "re von nah". This he translated to "Rückwärts von nah" (lit. trans. Backwards from nearby), and then decided that "the translation of the name Hanover from the front would be: Forewards to far." That means, according to Schwitters, "that Hanover is striving forwards into infinity." This definition so appealed to us, the men and women of Hanover, that we had it set in a metal plate in the surface of Knochenhauer Street in the old part of the town. Using poetic license – and perhaps a little exaggeration – Kurt Schwitters´considerations hit the nail on the head. The book before you also shows clearly how a modern Hanover developed out of its past roots. I am pleased to invite all visitors to come and see the originals of the beautiful photographs, shown here.

Herbert Schmalstieg
Lord Mayor

Préface

Hanovre est une ville en mutation. Grâce à ses foires, expositions et congrès, elle a considérablement évolué après la Seconde Guerre mondiale, d'une ville en ruines à un lieu de rencontre international, un marché d'idées et d'innovations. La réunification allemande et l'ouverture des frontières européennes ont accentué et consolidé ce rôle au coeur du continent. Hanovre a quitté la périphérie en faveur d'une position au centre de l'Europe.

L'attribution du salon mondial d'expositions de l'an 2000, dont la devise est "l'homme – la nature – la technique", a lancé la capitale de la Basse-Saxe en avant, et cette impulsion se répercutera sur une période bien au-delà des premières années du siècle à venir. Hanovre s'est ouverte à l'avenir, tout en demeurant fidèle aux traditions. Un enfant célèbre de notre ville, l'artiste et dadaïste Kurt Schwitters en était bien conscient, lorsqu'il évoqua au début des années vingt ses réflexions concernant le nom de Hanovre. Il transcrit le mot à l'envers (en utilisant l'orthographie allemande: Hannover), et découvrit ainsi la suite de syllabes suivante : "re von nah", ce qui devint, selon sa traduction particulière, "Rückwärts von nah" (en arrière de proche), puis en déduit que "la traduction du mot Hanovre dans le bon sens devrait être: Vorwärts nach weit" (en avant vers le loin). Ce qui s'ignifierait, selon Schwitters, que "Hanovre tend vers l'avant, c'est-à-dire vers l'immensité".

Cette définition nous – Hanovriennes et Hanovriens – a tellement plue que nous l'avons fondue en métal et installé la plaque dans le trottoir de la rue Knochenhauerstrasse dans l'ancienne cité. Kurt Schwitter qui a profité de sa liberté de poète, tombe juste – même si son idée était légèrement exagérée. Le livre que vous tenez en mains montre comment Hanovre a, à travers les racines de son passé, évolué vers la métropole d'aujourd'hui. J'invite cordialement tous nos hôtesses et hôtes à visiter sur place les beautés de notre ville que cet album présente.

Herbert Schmalstieg
Le maire de Hanovre

Hannover – Hauptstadt der Niedersachsen

„EGO HANOVERENSIS SUM" ließ Heinrich der Löwe (1129 bis 1195) um 1180 auf hannoversche Silberpfennige (Brakteaten) prägen: „Ich bin ein Hannoveraner." Das erinnert an John F. Kennedys 780 Jahre später weltberühmt gewordenen Ausspruch „Ich bin ein Berliner" und zeigt, daß der große Welfe im 12. Jahrhundert ein früher Fan der Ortschaft an der Leine gewesen sein muß. Tatsächlich war es der Löwe, der die bis dahin eher unbedeutende und erst um 1168 welfisch gewordene Siedlung ausbauen und befestigen ließ. Eine vorausschauende und für die heutige Industrie-, Dienstleistungs–, Messe-, Kongreß- und Expo-Stadt außerordentlich wichtige Entscheidung.
„1156 hefft de Stadt Hannover einem Grafen tau Lauenrode taugehöret unde is ein ringe Bleek gewesen", notierte der Bürgermeister und Geschichtsschreiber Anton Berckhusen Mitte des 16. Jahrhunderts: „1156 gehörte die Stadt Hannover einem Grafen zu Lauenrode und ist ein geringer Fleck gewesen." Dessen Name „Hanovere" (später „Honovere") war von einigen Lehnshöfen am Leineufer auf die zwischen 1124 und 1141 von Graf Hildebold I.gegründete Marktsiedlung übergegangen. Mit der Stiftung der romanischen Vorgängerin der heutigen Marktkirche und des Marktes hatte die Geschichte der Stadt überhaupt erst richtig begonnen.
Sogar die genaue Bedeutung des Namens liegt im Dunkeln. Während -overe als Ufer (Gewässerrand, Anhöhe) noch leicht zu deuten ist, können die Gelehrten han- oder hon- nicht zweifelsfrei herleiten. Sie stehen vor einem Rätsel.
Wo die Wissenschaft nicht mehr weiter hilft, kommt die Volksweisheit zum Zuge. Die übersetzt uns „Honovere" einerseits als „Hohes Ufer" – an welchem die Altstadt ja sichtbar liegt und heute eine zauberhafte Kulisse für Niki de Saint Phalles Nanas und den allsonnabendlichen Flohmarkt abgibt. Auch die Geschichte von den Fährleuten, die von Reisenden mit den Worten „Hol over" zum Übersetzen in die Stadt ans Ufer der Leine gerufen wurden, gehört ins Reich der Legende. Wie übrigens die Annahme, daß Hannovers Wappen neben einem Löwen und einem Stadttor von einem dreiblättrigen Kleeblatt geschmückt wird. Biologen haben

Blick von Westen auf die mittelalterliche Stadt und ihre Stadtmauer. Holzschnitt von 1586
A view from the west on to the town from the Middle Ages and its walls.Woodcut from 1586.
Vue de l'ouest sur la ville médiévale et ses remparts. Estampe de 1586

Philosoph als Markenzeichen: der Leibniz-Keks
Philosopher as trademark: the Leibniz cookie.
Un philosophe, symbole et marque déposée: le biscuit Leibniz

es längst als Pfeilkraut identifiziert. Aber der Glaube an das Kleeblatt im Wappen hält sich hartnäckig. Was den Ruf der Hannoveraner untermauert, gelegentlich ein stures (hannöversch: s-tures) Völkchen zu sein. Heute ist Hannover eine lebendige Halbmillionenstadt im Zentrum einer Region von 1,1 Millionen Einwohnern und der Größe des Saarlandes. Es gehört zu den „Big Ten", zu den zehn größten Städten der Bundesrepublik Deutschland. Und ist, nicht zu vergessen, seit 1946 Hauptstadt (und mit Abstand größte) Stadt des Landes Niedersachsen.

Der Weg vom um 1150 erstmals erwähnten „vicus hanovere" bis dahin war weit, und er war seit Heinrich dem Löwen immer wieder eng mit dem Schicksal der Welfen verflochten.

So feierte Hannover 1991 sein 750jähriges Jubiläum, weil Welfenherzog Otto das Kind am 26. Juni 1241 die Stadtrechte bestätigt

und erweitert hatte. Dieser Tag gilt als Geburtsstunde der städtischen Demokratie und der mittelalterlichen Bürgerstadt. Deren Bürger waren selbstbewußt genug, um sich 1533 mit einem Schwur auf dem Marktplatz zur lutherischen Lehre zu bekennen. Im Dreißigjährigen Krieg, 1636, verlegte Herzog Georg von Braunschweig und Lüneburg, nach einer Erbteilung Herrscher im Fürstentum Calenberg, seine Residenz ins verhältnismäßig sichere Hannover. Eine Wendepunkt in der Geschichte der Stadt. Die Hannoveraner ahnten freilich nichts von ihrem Glück, stritten sich mit dem Landesherrn, der ihre Privilegien auszuhöhlen trachtete. Tatsächlich wurde mit der Residenznahme der Grundstein gelegt für das moderne Hannover. Das begann nämlich nun, bis dahin weit bedeutendere Städte wie Hildesheim und Braunschweig zu überflügeln.

Nie wäre Hannover heute Hauptstadt, Messestadt und ein wichtiges norddeutsches Wirtschaftszentrum, hätte der Calenberger Landesherr sich damals nicht entschlossen, sich hier an der Leine häuslich einzurichten.

Das im Glaubenskrieg ausgezehrte Land erholte sich nach dem Friedensschluß von 1648 langsam. Auch wirtschaftlich ging´s aufwärts.

Wichtige Ost-West-Verkehrswege am Übergang zwischen norddeutschem Tiefland und den Mittelgebirgen wurden wiederbelebt. Die zunehmende Bedeutung der Nordseehäfen verstärkte den Verkehr auf den Nord-Süd-Achsen und begünstigte so die Entwicklung Hannovers.

Heute kreuzen sich hier die großen Magistralen von Eisenbahn und Auto-bahnen. Hannover ist eine der großen Verkehrsdrehscheiben Deutschlands und Europas. Nicht umsonst entstand mit dem

1. Catholische Kirch.	4. Neustätter Kirch.	7. Z. um Heil: Creutz.	10. Cantzley.	13. Marckt Kirch oder Pfarr.	16. Egidien Kirch.
2. Kleber Thor.	5. Kalenbergische Thor.	8. Daß Zeug Hauß.	11. Schloß Kirch.	S. Georgÿ und Iacobi.	17. S. Egidi. Thor.
3. Reitställe.	6. Stein Thor.	9. Daß Lein. Thor.	12. Daß Fürstl. Schloß.	14. Die Neue Cantzley.	18. Leine Fluß.
				15. Daß Rath-Haus.	19. Ausfluß der Leine von der Statt.

Blick von Südwesten auf die barocken Befestigungen Hannovers. Kupferstich um 1720.
A view from south-west onto the Baroque fortifications of Hanover. Copperplate from about 1720.
Vue du sud-ouest sur les fortifications baroques de Hanovre. Burin de 1720.

Hauptbahnhof im 19. Jahrhundert gerade hier einer der ersten Durchgangsbahnhöfe Deutschlands.

Herzog Georg und seine Nachfolger wußten von Eisenbahnen noch nichts. Ihre erste Sorge galt einer angemessenen Hofhaltung. Das frühere Minoritenkloster an der Leine wurde zum Schloß umgebaut. Ab 1665/66 begannen die Welfen mit der Anlage ihrer Sommerresidenz beim Dorf Haringehusen, dem heutigen Herrenhausen – und hinterließen der Stadt damit für die Zukunft eine der schönsten barocken Parkanlagen Europas.

Heinrich Schütz und später Georg Friedrich Händel musizierten in Hannover. Der kulturelle Aufschwung hinterließ bis heute seine Spuren in der Stadt: Die 1689 eröffnete Schloßoper wurde international gerühmt. Aus ihr ging das spätere Hoftheater, das heutige Opernhaus, hervor.

1649 ließ Herzog Georg Wilhelm mitten in der Altstadt den Ballhof errichten. Die frühe Turn- (eigentlich Ballspiel-)halle mit ihrer Fachwerkfassade wurde auch für Theateraufführungen benutzt. Noch nach dem Zweiten Weltkrieg diente das Gebäude viele Jahre lang dem Staatsschauspiel als Hauptspielstätte.

Johann Friedrich holte 1675 das Universalgenie Gottfried Wilhelm Leibniz von Paris an die Leine. Der Philosoph, Mathematiker und Erfinder einer frühen Rechenmaschine wohnte mehrere Jahre im Haus Schmiedestraße 10.

Das als Leibizhaus bekannt gewordene Gebäude mit seinem prächtigen Renaissancegiebel wurde im Zweiten Weltkrieg zerstört, Mitte der achtziger Jahre als Kopie am Holzmarkt wieder aufgebaut. Mit dem Leibnizkeks setzte die Keksdynastie der Bahlsens dem Gelehrten 1891 ein

unerwartetes Denkmal in Form einer Dauerbackware, die zum Klassiker avancierte.

Doch zurück ins 17. Jahrhundert: 1692 erwarb Herzog Ernst August die neunte Kurwürde im Heiligen Römischen Reich Deutscher Nation. Seine Frau, die Kurfürstin Sophie, machte Herrenhausen zu der berühmten Parkanlage, die heute jedes Jahr Hunderttausende von Touristen anzieht. Das englische Parlament trug Sophie 1701 die englische Krone an. Pech: Die Fürstin starb 1714 in ihrem geliebten Großen Garten, kurz bevor sie das englische Erbe antreten konnte. Friedlich ist sie im Sessel eingeschlafen – an der Stelle, an der sich heute ihr marmornes Denkmal befindet. Sophies Sohn Georg Ludwig bestieg 1714 als Georg I. den englischen Thron – der erste der sogenannten „Hanover"-Kings. Als Haus Windsor regieren deren Abkommen bis heute das Britische Empire, auch wenn sich die Regentschaftswege 1837 wieder trennten. Mit der Personalunion wurde das besondere Verhältnis zwischen Hannover und England begründet. Zugleich fiel die verwaiste Heimat der nach London übergesiedelten Monarchen in einen mehr als hundertjährigen Dornröschenschlaf.

Am Stammsitz regierten nur Statthalter. Zum Beispiel der populäre Herzog von Cambridge, der einen guten Schluck nicht verachtete und deshalb von den Hannoveranern liebevoll mit diesem Vers verspottet wurde: „Püttje, püttje, püttje – der Herzog von Cambridge. Siehst Du wohl, er kümmt – ob er wohl einen nümmt?"

Gute Zeiten, schlechte Zeiten: Wirtschaftlicher Stagnation und französischer Besetzung folgte nach der Niederlage Napoleons 1814/15 eine kräftige Vergrößerung des Kurfürstentums durch den Wiener Kongreß – und seine Aufwertung zum Königreich.

Wieder ein wichtiger Schritt: Hannover, eine Stadt mit (laut Volkszählung von 1821) 15 404 Einwohnern und (1818) 1365 Häusern, war nun Haupt- und Residenzstadt. Diese neue Rolle der Stadt schlägt sich bis heute im Stadtbild nieder. Hannover gilt, auf zweifache Weise, zu Recht als Stadt des 19. Jahrhunderts. Zunächst trat der große Klassizist Georg Ludwig Laves auf. Der Hofbaumeister gestaltete das Leineschloß um, gab ihm seinen charakteristischen Säulen-Portikus. Er entwarf das heutige Opernhaus und plante die Ernst-August-Stadt, den Kern der heutigen City rund um Kröpcke und Georgstraße.

Laves legte den Waterlooplatz an und richtete auf die Waterloosäule, die an den Sieg über Napoleon bei Waterloo erinnert, eine gedachte Stadtachse aus. Die zielt über Portikus und Marktkirche geradewegs auf das Portal des Bahnhofs, der mit Beginn des Eisenbahnzeitalters (Eröffnung der ersten Teilstrecke Hannover – Lehrte 1843) zu einem neuen Bezugspunkt der Stadtentwicklung wurde.

Wer heute mit dem Zug in Hannover ankommt, kann beim Verlassen des Bahnhofsgebäudes den Geist von Georg Ludwig Laves noch ahnen: Die symmetrische Anlage mit fünf (inklusive der nach Norden führenden Tunnels sogar sieben) abgehenden Straßen gilt als der schönste Platz des klassizistischen Architekten.

Das 19. Jahrhundert hatte es in sich: Die Hannoveraner probten 1848 die Revolution gegen den seit 1837 regierenden König Ernst August. Der hatte sich unbeliebt gemacht, weil er sofort das liberale Staatsgrundgesetz aufgehoben hatte.

Gegen alles Moderne pflegte der Monarch seine Vorbehalte, gegen die Demokratie und gegen die Eisenbahn. Trotzdem setzten ihm die Hannoveraner später ein Denkmal ausgerechnet vor dem Hauptbahnhof. „Dem Landesvater sein treues Volk" steht auf dem Granitsockel, und so reitet er dort seit der Enthüllung 1861 auf einem bronzenen Pferd. Auch die Industrialisierung war dem König gar nicht geheuer. Er versuchte, das lästige Proletariat und die rauchenden Schlote aus seiner Residenz herauszuhalten. So kam es, daß sich das benachbarte Dorf Linden zum riesigen Industrievorort entwickelte. Dort stand deshalb die Wiege der berühmten Hanomag, der Hannoverschen Maschinen-Fabrik AG, die in besten Zeiten weit mehr als 10 000 Menschen beschäftigte. In ihrem Umfeld entstanden Brauereien, Webereien, Asphaltfabriken. Und der Westwind wehte deren Ausdünstungen doch hinein nach Hannover. Ernst August entkam den modernen Zeiten nicht.

Mit der Industrie expandierte die Stadt. Endgültig sprengte sie die Grenzen der alten, längst niedergelegten Befestigungen, deren Verlauf die Georgstraße noch in der Gegenwart widerspiegelt, die Dreiecksbastionen der barocken Festungsbauer inklusive.

Die Einwohnerzahl kletterte rapide von 61 800 (1858) auf 250 000 (1905), und das ohne Linden, das bald nach der Annektion Hannovers durch Preußen 1866 als das „größte Dorf Preußens in die Geschichte einging. 1919 zählte Hannover 302 000, Linden (das erst 1920 eingemeindet wurde) knapp 74 000 Menschen.

Sie alle brauchten Wohnungen. Mit der Einwohnerzahl wuchsen die neuen Stadtviertel in der List, der Ost- und der Nordstadt und in Linden aus dem Boden. Die Architekten hatten alle Hände voll zu tun. Eine eigene hannoversche Architekturschule, die Backstein als Material bevorzugte, etablierte sich und machte ihre Art zu bauen zum Exportartikel.

Die Villen, Wohn- und Mietshäuser aus dieser Zeit sind prägend geblieben für das Stadtbild Hannovers. Den Gürtel der dicht bebauten Stadtviertel des 19. Jahrhunderts haben die Bomben des Zweiten Weltkriegs nicht so radikal vernichtet wie die Altstadt und die Geschäfts-City.

Gründerzeit, Gründerfieber: Das war die Ära der großen Namen, die Hannover in der Welt bekannt gemacht haben: Lokomotiven von Hanomag, Pelikan-Füller, Continental-Reifen, Bahlsen-Kekse eroberten die Märkte. Hannover wurde als königlich-preußische Residenzstadt (auch ohne König) reich. Das selbstbewußte Bürgertum setzte sich noch kurz vor dem Ersten Weltkrieg mit dem Neuen Rathaus ein weithin sichtbares Denkmal.

Der außergewöhnliche Kuppelbau, den auswärtige Besucher oft mit dem Schloß verwechseln, überflügelt mit 96 Metern Höhe in voller Absicht das bis dahin höchste Gebäude der Stadt, den backsteinernen Turm der mittelalterlichen Marktkirche. Kein Besucher der Stadt wird die Fahrt mit dem Schrägaufzug (dem einzigen in Europa neben dem im Eiffelturm) auf die Aussichtsplattformen an der Kuppelspitze versäumen. Und sehen, wie diese Stadt sich den Namen „Großstadt im Grünen" verdient hat.

Denn bis weit in den Stadtkern ragen die grünen Finger: der Stadtwald Eilenriede von Osten, der künstlich angelegte Maschsee (mit Sportpark und Stadion) von Süden, Herrenhausen mit der zwei Kilometer langen Lindenallee von Westen her.

Hanomag-Kleinwagen „Komißbrot" aus den zwanziger Jahren.
Small Hanomag car "Komißbrot" from the Twenties.
camionnette Hanomag "pain de munition" des années Vingt.

Daß überhaupt noch etwas steht von dieser Stadt: Der Not nach dem ersten Weltkrieg, den goldenen zwanzigern nach überstandener Inflation, der Weltwirtschaftskrise verfiel Hannover wie ganz Deutschland nach 1933 dem Nationalsozialismus – und dann in Schutt und Asche.

Als 1945 alles vorbei war, lag Hannover zu 75 Prozent in Trümmern. Es gab Überlegungen, es woanders, vielleicht irgendwo am Deister, ganz neu aufzubauen. Aber der Mensch bleibt, wo er Wurzeln geschlagen hat. Es war ja nicht alles verloren. Und im Boden lagen, meist noch intakt, die Leitungen und Kanäle.

Hannover blieb, wo es war, und wurde nach einem kurzen amerikanischen Zwischenspiel Teil der Britischen Besatzungszone. Da waren sie nun also wieder, die Engländer, die sich einst einen Hannoveraner zum König gewählt hatten.

Und nun schloß sich der Kreis. Die Briten vereinigten die Länder Hannover, Braunschweig und Oldenburg zu Niedersachsen und machten Hannover zu dessen Hauptstadt.

Die Besatzer hatten selbst wenig zu essen und zu heizen. Sie waren interessiert daran, daß ihre deutsche Zone ihr eigenes Geld verdiente. Also ließen sie ihre Deutschen in Hannover 1947 eine Exportmesse veranstalten, um Waren aus ihrer Zone in Devisen zu verwandeln.

Ein Glücksfall. Durch die Teilung Deutschlands fiel Leipzig als Messestandort aus. Mit dem Wirtschaftswunder entwickelte sich Hannover zum größten Messeplatz Westdeutschlands. Sein Wiederaufbau mit Ringstraßen galt in Nachkriegsdeutschland als vorbildlich. Später kamen die (in der City unterdisch verkehrende) Stadtbahn und die weiten Fußgängerzonen hinzu.

Mitte der 80er Jahre hat die Computerschau CeBIT die Industriemesse sogar noch an Größe und Bedeutung überflügelt. Obwohl in den 50er Jahren Volkswagen ein großes Werk im Stadtteil Stöcken errichtete, wandelte sich Hannover mehr und mehr zu einem Versicherungs-, Handels- und Dienstleistungszentrum.

Die einstige Residenz-, Industrie- und Beamtenstadt hat sich als Messeplatz einem internationalen Publikum geöffnet. Die Vergabe der Weltausstellung Expo 2000 hat viele neue Impulse gegeben. „Das dritte Jahrtausend beginnt in Hannover", lautete einer der selbstbewußten Werbesprüche. Hannover präsentiert sich heute als moderne, weltoffene Großstadt, deren Qualitäten manche erst auf den zweiten Blick erkennen. Dieses Buch will helfen, sie aufzufinden.

Hanover – capital of Lower Saxony

"EGO HANOVERENSIS SUM" were the words Henry The Lion (1129 to 1195) had stamped on the Hanover silver coin (Brakteaten) – "I am a Hanoverian". This reminds one of John F. Kennedy's now world-famous declaration 780 years later: "Ich bin ein Berliner" (I am a Berliner), and shows that the great Welfe of the 12th century must have been an early fan of this settlement on the Leine River. Indeed it was The Lion who ordered that the (until that time) fairly unimportant settlement, only part of the "Welfe" since about 1168, be enlarged and reinforced. A decision that showed foresight and proved very important for the town that is today a significant location for industry, services, trade fairs, congresses and expos.

"1156 hefft de Stadt Hannover einem Grafen tau Lauenrode taugehöret unde is ein ringe Bleek gewesen", noted the mayor and historian Anton Berckhusen in the middle of the sixteenth century: "In 1156 the town Hanover belonged to a Count of Lauenrode and was an unimportant spot." His name "Hanovere" (later "Honovere") was given to a group of farms on the banks of the Leine and was later passed on to the market-settlement founded by Count Hildebold I between 1124 and 1141. The history of the town began in earnest with the founding of the predecessor of today's market and church.

Even the exact meaning of the name is unclear. Although "–overe"(bank of waters, height) can be easily explained, scholars have been unable to identify "han-" or "hon-". The puzzle remains unsolved. Where science can find no answers, folk wisdom takes the lead. Accordingly, Honovere has been translated as "High bank" – on which the old part of the city clearly lies and which today provides a magical backdrop for Niki de Saint Phalles Nanas and the regular Saturday flea market. The story of the ferrymen, whom travellers summoned by calling "Hol over" when they wanted to cross the Leine to get to the town,

has become a legend. Another legend is that the town's coat of arms is adorned by a three-leaf clover, besides the lion and the city gates – biologists have long since identified the plant as arrow root. But the belief in the three-leaf clover on the coat of arms stubbornly endures. Which just serves to strengthen Hanover's reputation as an occasionally stubborn people.

Today Hanover is a thriving town of half a million in the centre of a region the size of the Saarland, populated by 1.1 million people. It is one of the "Big Ten", the ten largest cities in the Federal Republic of Germany. And, not to be forgotten, it has also been the capital of the federal state Lower Saxony since 1946, and is by far its biggest city.

The road from being the "vicus hanovere" first mentioned in about 1150 to its current status was a long one, and since the days of Henry The Lion its fate was always entwined with that of the Welfe.

Hanover celebrated its 750th anniversary in 1991, because the Welfe Duke Otto the Child confirmed and extended its rights as a town on 26th June 1241. This day is considered the birthdate of local democracy and the bourgeois town of the Middle Ages. Its citizens were confident enough to profess their belief in the teachings of Luther by swearing an oath on the market square in 1533. In the Thirty Year War, in 1536, after the division of the inheritance of the rulers in the principality Calenberg, Prince George of Braunschweig and Lüneburg moved his residence to the relatively safe Hanover. A turning point in the history of the town. The citizens did not realise their luck and fought against the lord who would undermine their privileges.

Important trade routes from east to west at the point where the north German lowland turns into the mountain range Mittelgebirge were used again. The increasing importance of the North Sea harbours strengthened the

traffic on the north-south axis and added to Hanover's development. Today the main routes of rail and road cross. Hanover is one of the big traffic turning points in Germany and Europe. There's a reason why the main railway station built here in the nineteenth century was one of the first stations built especially for "through-traffic".

Prince George and his successors knew nothing of railways. Their first concern was proper court procedure. The former Minoriten monastery on the Leine was remodelled into a palace. From 1665/66 the Welfe began with the facilities for their summer residence at Dorf Haringehusen, today Herrenhausen – and hence the city inherited one of the most beautiful Baroque parks in Europe.

Heinrich Schütz and later George Frederick Handel performed music in Hanover. The cultural upswing left traces in the city that can still be found today: The palace opera house, opened in 1689, became internationally famous. From this the "Hoftheater" (court theatre) grew, and also today's opera house. In 1649 the Duke Georg Wilhelm erected the "Ballhof" (Ball Court) in the middle of the old part of town. The early gymnasium (in fact a hall used to play ball games) with its framework facade was also used for theatrical performances. Even after the Second World War the building served the state playhouse as their main stage for many years. In 1675 Johann Friedrich brought the all-round-genius Gottfried Wilhelm Leibniz from Paris to the Leine. The philosopher, mathematician and inventor of an early calculator lived for many years in the house on Schmiede Street 10.

The building which became known as the Leibniz House, with its splendid renaissance gable, was destroyed in the Second World War and was then rebuilt as a copy on "Holzmarkt" (Wood Market) in the middle of the Eighties. With the Leibniz cookie, the cookie-dynasty Bahlsen set an unusual monument to the scholar, which has become a classic.

But back to the 17th century: In 1692 Prince Ernst August became the ninth ruler of the Holy Roman Empire of German nations. His wife, Princess Sophie, made Herrenhausen the famous park that today attracts hundreds of thousands of tourists every year.

In 1701 the English parliament passed the English crown to Sophie. Bad luck: the princess died in her beloved Great Garden, shortly before she could accept this English inheritance. She passed away peacefully in a chair – on the same spot where a marble monument in her honour stands today. Sophie's son Georg Ludwig took over the English throne as George I in 1714 – the first of the so-called "Hanover Kings." As the House of Windsor their descendants have ruled the British Empire until present day, even though the two houses were divided again in 1837. Due to this "union of person-nel" a special relationship began between Hanover and England. At the same time the orphaned home of the monarch fell into a deep sleep for a hundred years (like Sleeping Beauty) when he moved to London.

Now only governors ruled the city. For example the popular Duke of Cambridge, who liked the occasional drink and was therefore made fun of by the people of Hanover, albeit affectionately, with the following verse: "Püttje, püttje, püttje – der Herzog von Cambridge. Siehst du wohl, er kümmt – ob er wohl einen nümmt?" (which can be translated roughly as: Putt, putt, putt – the Duke of Cambridge. Don't you see, here he comes – wonder if he'll have one?) Good times and bad times: economic stagnation and French occupation were followed after the defeat of Napoleon in 1814/15 by extensive enlargement of the duchy's territory by the Vienna Congress – and its promotion to kingdom.

Another important step: Hanover, a town with a population of 15 404 (according to a census from 1821) and 1 365 houses (1818), was now a capital and a residence town. This new role has affected the appearance of the town up to the present day. Hanover is rightly considered the city of the nineteenth century in two ways. At first the great classicist Georg Ludwig Laves performed. The court master builder remodelled the Leine palace, giving it the characteristic pillared porticus. He designed the current opera house and planned Ernst-August-Town, the heart of the modern city around Kröpcke and George Street. Laves laid out Waterloo square and erected the Waterloo pillar, which commemorates the victory over Napoleon at Waterloo, and was planned as the town's hub. It aims over the porticus and market church straight at the portal of the railway station, which became, with the start of the age of railroads (the opening of the first stretch of rail Hanover-Lehrte was in 1843), a new central point for the city's develop-ment. Whoever arrives in Hanover by train today, still gets a sense of the spirit of Georg Ludwig Laves while leaving the station building: The symmetrical layout with five (seven if one includes the tunnels that lead north) roads leading away from it is consid-ered the classical architects most beautiful square.

The 19th century was most important: In 1848 Hanover rehearsed a revolution against King Ernst August, who had ruled since 1837. He had made himself unpopular by immediately nullifying the liberal state constitution. The monarch had strong prejudices against all things modern. Against democracy and against the railway. And yet Hanover erected a monument to him – of all places, in front of the main railway station. "The Father of land and a loyal people" stands upon a granite pedestal, and there he has ridden his bronze horse since he was unveiled in 1861. Industri-alisation also made the king uncomfortable.

He attempted to keep the irritating proletari-at and the smokestacks out of his residence. And so it came about that the neighbouring village Linden developed into a big industrial district. This is therefore where the cradle of the famous Hanomag, the Hannoversche Maschinen-Fabrik AG (Hanover Machine Factory) stands. At its peak it employed over 10 000 people. Around it breweries, weaving mills, and asphalt factories developed. And the west wind did blow their smoke into Hanover. Ernst August could not escape the modern changes. With industry, the city expanded. In the end it outgrew the bounda-ries of the old fortifications, which had been built so long ago and are still reflected today in the layout of George Street, including the triangular bastions of the Baroque fortress builders.

The population rose rapidly from 61 800 (1858) to 250 000 (1905), and that not counting Linden, which soon after the 1866 annexation of Hanover by Prussia went down in history as "the largest town in Prussia". In 1919 Hanover counted a population of 302 000, Linden (which only became an official separate community in 1920) had barely 74 000. They all needed a place to live. As the population grew, so did the new urban districts on the List, in Linden, to the East and the North of the town. The archi-tects had their hands full. A unique Hanover school of architecture established itself. Brick was the preferred building material, and this style was soon exported. The villas, private residences and apartments (rentals) from this period still characterise Hanover. The belt of residential areas, with houses that had been built so close together in the 19th century, was not as radically damaged by the bombs of the Second World War as the older part of town or the business areas. "Gründerzeit", feverish times: This was the era of the great names which have made Hanover famous all over the world: the locomotives of Hanomag, Pelikan fountain pens, Continental tyres, Bahlsen cookies conquered the market. Hanover became wealthy as a Prussian royal residence (even without a king). The independent bourgeoisie built a very visible monument to themselves with the completion of the new City Hall shortly before the First World War. The unusual dome, which visitors from elsewhere often mistake for the palace, intentionally dwarfs what had until that time been the tallest building in town – the 96-metre-high brick tower of the market church from the Middle Ages.

No visitor of the town wants to miss the ride to the viewing platform on the top of the dome – the "Schrägaufzug" (skew elevator) is the only one in Europe besides the one in the Eiffel Tower. From here they can see for themselves how this city has earned the label "city amidst green". For green fingers reach far into the heart of the city: Eilenriede Forest from the east, the artificial Masch Lake (with its sports park and stadium) from the south, Herrenhausen with the two-kilometre-long Linden (lime tree) Avenue from the west.

That anything remains of this town is a wonder: The crisis after the First World War, the "Roaring Twenties" after inflation had been overcome, the world-wide depression...Hanover, like all of Germany, fell under the spell of national socialism – and then in ruins. When it was all over in 1945, seventy-five percent of Hanover had been devastated. It was discussed rebuilding the city elsewhere, maybe somewhere on the Deister. But the people stayed where their roots were. After all, not all had been lost. And the cables and canals underground were mostly intact. Hanover stayed where it was and, after a short American interlude, was occupied by the British. So, here they were again, the English, who had chosen a Hanoverian for their king.

And so, full circle. The British united the states Hanover, Braunschweig and Oldenburg into Lower Saxony and made Hanover its capital. The occupying forces had little food and fuel themselves. It was in their interest that their German zone earned its own money. And so they permitted "their" Germans to hold an export trade fair in Hanover in 1947, so that they were able to convert their goods into currency.

A stroke of luck. Due to the division of German Leipzig was no longer available as a location for fairs. With the "Wirtschaftswunder" (economic miracle) Hanover became the biggest trade fair site in West Germany. The rebuilding of the city after the war, with its ring streets, was considered exemplary. Later the public transport system (underground in the inner city) and widespread pedestrian zones were added.

In the mid-Eighties the computer show CeBIT overshadowed even the industrial fair in size and importance. Although Volkswagen established a large factory in the district Stöcken, Hanover developed more and more into an insurance, trade and services centre The former royal residence, industrial and civil service city has, through its trade fairs, opened its doors to the international public. That the Expo 2000 will be here has lead to new impulses. "The third millennium will begin in Hanover", in the words of one self-confident advertising slogan.

Today Hanover presents itself as a modern city, open to the world, whose qualities many only realise at the second glance. This book will help you find them.

Hanovre – capitale de la Basse-Saxe

"EGO HANOVERENSIS SUM" – Henri le Lion (1129 – 1195), roi des Saxons, régent de la dynastie des Welf (ou Guelfes), fut probablement un grand adepte de cette localité au bord de la Leine. Car vers l'an 1180, il fit frapper des pièces d'argent (nommées "Bractéates"), portant cette devise: "Je suis Hanovrien". 780 ans plus tard, le président des Etats-Unis d'Amérique, John F. Kennedy, fit une déclaration similaire pour souligner la sympathie et le soutien moral américains envers les citoyens de Berlin qui alors souffraient d'un blocus soviétique: "Ich bin ein Berliner" – je suis Berlinois.

Sous la régence de Henri le Lion, cette localité, jusqu'alors plutôt insignifiante et guelfe depuis 1168 seulement, fut agrandie et fortifiée. En rétrospective, cette décision fut un événement historique d'une portée considérable. Aujourd'hui, Hanovre est une ville industrielle au secteur tertiaire développé qui accueille chaque année marchands, fabricants et scientifiques du monde entier lors de ses foires, congrès et expositions internationaux.

Selon le maire et historien Anton Berckhusen (16e siècle), "la ville de Hanovre appartint en l'an 1156 à un comte de Lauenrode et fut un terrain médiocre".

Quelques terrages féodaux au bord de la Leine portaient jadis le nom de "Hanovere" (qui, plus tard, devint "Honovere"), mais la localité en question, fondée 1124-1141 par le comte Hildebold Ier, l'adopta par la suite. La fondation de l'ancienne église romane sur la place du marché, et la naissance du marché lui-même sont à l'origine de l'histoire de la ville de Hanovre.

Le sens étymologique de ce nom demeure obscur. Le suffixe "-overe" est encore facilement interprétable. Il pourrait signifier bord ou rive (le mot allemand moderne est: Ufer), ou élévation, colline, hauteur. En revanche, le préfixe "Han-" ou "Hon-" n'est pas déchiffrable. Du moins, les scientifiques n'ont pas trouvé de solution satisfaisante. Il s'agit d'une énigme.

La légende populaire connaît au moins deux solutions. D'une part, elle traduit "Honovere" par "Hohes Ufer" (rive ou bord élevé) – effectivement, la cité se situe visiblement sur une élévation au bord de la Leine et nous offre une vue panoramique sur la "Nana" de Niki de Saint Phalles et le marché aux puces hebdomadaire.

D'autre part, il s'agirait apparemment d'un appel de voyageurs ("Hol over" – traverse), incitant les bâteliers à conduire leurs bacs sur la rive de Hanovre.

Les armes de la ville portent, mis à part un lion et l'ancienne porte de Hanovre, une plante que les biologues ont depuis longtemps identifiée: il s'agit d'un sagittaire. Mais la légende populaire croit à un trèfle à trois feuilles, et elle refuse toute démystification. Les Hanovriens n'ont donc pas par pur hasard une renommée d'un peuple de têtus.

Aujourd'hui, Hanovre compte 500 000 habitants et est au centre d'une région qui comprend une population totale de 1,1 millions de personnes et qui atteint environ l'étendue de la Sarre. Elle fait partie des "Top Dix" de l'Allemagne, figure donc parmi les plus grandes villes du pays, à une échelle de un à dix. Aussi faut-il souligner que Hanovre est, depuis 1946, la capitale de la Basse-Saxe, et la plus grande ville de ce Land. L'évolution du "vicus hanovere" d'antan (mentionné pour la première fois vers 1150) jusqu'à la ville de Hanovre de nos jours fut longue et pénible, et, depuis la régence de Henri le Lion, étroitement liée à la destinée de la dynastie des Guelfes.

Hanovre a pu célébrer son 750e anniversaire en 1991, parce que le duc guelfe Otto l'Enfant avait ratifié et élargi ses droits de cité le 26 juin 1241. Cette date marque le début de la démocratie urbaine et la naissance de la Cité médiévale.

En l'an 1533, les citoyens de Hanovre ont d'ailleurs fièrement prêté serment à la foi luthérienne sur la place du marché. Lors de la Guerre de Trente Ans, en 1636, le duc George de Brunswick et de Luneburg

(souverain de la principauté de Calenberg grâce à un partage successoral) a transféré le siège de sa résidence dans l'enceinte de Hanovre.

Ainsi s'annonce un tournant dans l'Histoire de la ville. Bien entendu, les Hanovriens n'en étaient pas conscients et se querellaient avec leur souverain qui tentait de réduire leurs privilèges.

Ce statut de résidence fut à la base du Hanovre moderne. Peu à peu, la cité dépassa d'autres villes qui, jusqu'alors, furent plus importantes, telles les villes de Hildesheim et de Brunswick.

Hanovre n'aurait jamais pu devenir une capitale, ni un centre commercial important dans la vaste région de l'Allemagne du Nord, ni d'ailleurs une ville de foires et d'expositions internationales, si le duc George ne s'y était pas établi.

La régénération du pays qui suivit le traité de paix de 1648 fut une entreprise ardue. Toutefois, la situation économique s'améliorait au fur et à mesure.

On restaurait les voies de communication importantes sur l'axe est-ouest qui longeait le passage entre la plaine de L'Allemagne du Nord et la moyenne montagne de la Basse-Saxe. De même, les voies de transport sur l'axe nord-sud bénéficiaient d'une fréquentation accrue, grâce aux ports de la mer du Nord, dont l'importance au niveau des relations commerciales avait alors visiblement augmenté, et le développement de Hanovre en profitait.

Aujourd'hui, les voies ferroviaires et les principales autoroutes s'y croisent. En tant que "carrefour" des différents moyens de transport, Hanovre joue donc un rôle non négligeable à l'échelle nationale et européenne. Il va de soi que la gare centrale, construite au XIXe siècle, fut une des premières gares de transit allemandes.

Duc Georges et ses successeurs ne pouvaient savoir, voire s'imaginer qu'un tel moyen de transport, tels les chemins de fer, puisse jamais exister. Avant tout, ils se souciaient de leur cour et de son entretien. L'ancien monastère des frères mineurs au bord de la

Leine fut reconstruit et modifié. A sa place, on édifia un château. Dès 1665/66, les Guelfes aménageaient leur résidence estivale, un jardin près du village Haringehusen (le Herrenhausen de nos jours). On leur doit l'un des plus beaux parcs baroques d'Europe.

De grands compositeurs, tel Heinrich Schütz ou Georg Friedrich Haendel, honoraient Hanovre de diverses soirées musicales. L'essor culturel à laissé ses traces: le "Schloßoper" (château-opéra), inauguré en l'an 1689, jouissait d'une renommée internationale. Le "Schloßoper" devint le "Hoftheater", le théâtre de la Cour, puis l'Opéra.

En l'an 1649, le duc Georges Guillaume ordonna la mise en place d'une cour de bal au centre de la cité. Le bâtiment à la façade en colombage servit de salle de gymnastique, ou, avant tout, de jeux de paumes, mais aussi aux mises en scène de pièces de théâtre. Encore bien après la Seconde Guerre mondiale, c'était la maison principale du théâtre publique.

Un successeur de Georges Guillaume, Jean Frédéric, reçut en l'an 1675 le génie universel Gottfried Guillaume Leibniz, qui jusque-là avait résidé à Paris. Le philosophe, mathématicien et inventeur de l'une des premières machines à calculer, habitait rue Schmiedestrasse 10 durant quelques années.

La "Leibnizhaus", la maison Leibniz, fut détruite pendant la Seconde Guerre mondiale. Elle avait un pignon magnifique dans le style de la Renaissance. Une copie a été édifiée près du "Holzmarkt" (marché de bois) dans les années 80. Le véritable "monument" en l'honneur de Leibniz, cependant, est quotidiennement fabriqué en série, construit, détruit, et fait, depuis son invention en 1891, des ravages parmi les enfants: c'est le biscuit "Leibniz" de la famille industrielle Bahlsen qui est LE biscuit allemand.

Mais retournons au XVIIe siècle: en l'an 1692, le duc Ernst August gagna les privilèges du neuvième rang au sein du Saint Empire romain germanique. Et on doit à sa femme, l'Electrice Sophie, le fameux jardin de Herrenhausen, où l'on accueille aujourd'hui chaque année des centaines de milliers de touristes.

En 1701, le parlement anglais offrit Sophie la couronne d'Angleterre – malheureusement, elle est morte en 1714, peu avant sa succession au trône anglais. Elle mourut dans son fauteuil, au beau milieu de son jardin chéri, lors d'un sommeil paisible. Là où le fauteuil se situait, on édifia un monument en marbre en son honneur. Son fils Georges Louis fut alors placé sur le trône anglais, sous le nom de Georges Ier – le premier Hanovrien d'Angleterre. Les Windsor qui règnent toujours l'Empire britannique, sont leurs descendants, même si l'alliance des régences de Hanovre et de l'Empire n'existe plus depuis 1837.

Hanovre devait ses rapports particuliers avec l'Angleterre à l'union personnelle qui les liait. En revanche, les monarques qui s'étaient installés à Londres, étaient hors de la portée de leurs sujets germaniques. Telle la Belle au bois dormant, Hanovre s'endormit pendant plus d'un siècle.

Durant cette époque, des gouverneurs étaient chargés de sa gestion. Le duc de Cambridge, par exemple, était très populaire. Comme ses sujets, il était enclin aux spiritueux. On rimait donc de diverses moqueries inoffensives et qui, finalement reflétaient plutôt la sympathie du peuple envers le duc: "Tiens, tiens, tiens, le duc de Cambridge qui vient. Que dites-vous ? Va-t-il boire un coup ?" Bien sûr, l'Electorat connut des hauts et des bas. La stagnation économique et l'occupation par l'armée française affaiblit le pays. Mais après la défaite de Napoléon Ier en 1814/15, l'Electorat fut élargi, puis gagna le statut d'un royaume.

Cette mesure s'avérait historique: Hanovre qui comptait alors 15 404 habitants (selon le recensement de 1821) et 1 365 maisons (1818), devint une capitale et une ville résidentielle.

Le visage de la ville reflète encore l'ampleur que Hanovre a atteint grâce à ce nouveau statut. Elle a la réputation d'une ville du XIXe siècle, et cette impression est tout à fait appropriée. L'architecte de la Cour, Georg Ludwig Laves, a remanié le "Leineschloß", le château-"Leine", et enrichit d'un portique qui le caractérise encore. Laves fut un représentant du classicisme, d'un style qui a marqué son époque. L'architecte a conçu l'Opéra d'aujourd'hui, et envisagé la "Ernst-August-Stadt", la ville "Ernst-August", qui est le coeur de l'actuel centre-ville, là où se situent la place "Kröpcke" et la rue Georgstrasse. Laves a édifié la place Waterloo, la "Waterlooplatz", et axé sur la colonne Waterloo (qui rappelle la victoire sur Napoléon Ier près de Waterloo) un croisement (voire axe) imaginaire qui traverserait la ville.

Cet axe vise directement le portail de la gare. Il décrit une ligne invisible sous laquelle se dressent le portique et la "Marktkirche", l'église de la place du marché. L'"ère" ferroviaire a modifié la conception de l'urbanisme. Depuis l'inauguration du premier segment ferroviaire en 1843 (entre Hanovre et Lehrte), la gare est l'un des principaux points de repère.

Lorsqu'on prend le train pour visiter Hanovre, on peut – quittant le bâtiment de la gare – flairer l'esprit et sentir la vision de Georg Ludwig Laves: l'édifice symétrique qui donne sur cinq voies (voire sept, si on prend en considération les deux tunnels qui s'étendent vers le nord), est l'une des plus belles constructions de l'architecte.

Le XIXe siècle connut une période mouvementée: en 1848, les Hanovriens se révoltaient contre le roi Ernst August (régent depuis 1837), monarque fort impopulaire, parce qu'il avait abolit la loi fondamentale de l'Etat dès son intrônisation. Cette loi fut trop libérale, à son goût.

Les temps modernes ne plurent guère au souverain: Ernst August s'opposa à la démocratie, aux chemins de fer. Néanmoins, Hanovre lui dédia, par la suite, un monument devant la gare centrale.

"Au souverain, son peuple fidèle" est gravé sur le piédestal. Ainsi, le roi chevauche depuis l'inauguration en 1861, assis sur un cheval en bronze.

Le monarque se méfiait aussi de l'industriali-sation. Le prolétariat gênant ne pouvait loger dans sa résidence et les cheminées des usines devaient répandre leurs vapeurs désagréables ailleurs. Grâce à ces décrets, Linden, un village voisin, devint, avec le temps, le noyau de la banlieue industrielle. Linden est le domicile de la société "Hanomag", la "Hannoversche Maschinen-Fabrik AG" (qui, comme le nom l'indique, fabrique des machines de tout genre, mais qui s'est spécialisé dans le secteur automobile). Pendant la croissance économique du pays, Hanomag comptait plus de dix milles employés. Dans son entourage, des brasseries, des tissages et des distilleries de bitume s'installaient. Et le vent de l'ouest conduisait les vapeurs ainsi dégagées vers Hanovre. Ernst August ne pouvait échapper aux temps modernes.

L'expansion de la ville suivit le pas de l'industrialisation. Les anciennes fortifications furent détruites (la rue Georgstrasse est l'un des derniers témoins de ses bornes), les bastions triangulaires de l'ère baroque inclus.

La population croissait considérablement: en 1858, Hanovre comptait 61 800 habitants, en 1905, 250 000. Linden (le village-"faubourg" n'a pas été pris en considération lors de ces recensements) fut – peu après l'anexion de Hanovre par la Prusse en 1866 – "le plus grand village de la Prusse". En 1919, la population de Hanovre s'élevait à 302 000 habitants, celle de Linden (incorporé en 1920 seulement) à 74 000.

Cette croissance exigeait donc une augmentation des habitations. De nouveaux quartiers furent bâtis dans les districts de la "List", de la "Oststadt" et la "Nordstadt" (villes "Est" et "Nord"), ainsi que de Linden. Les architectes étaient bien chargés de travail. Une école d'architectes s'installait à Hanovre, une école qui se spécialisait dans la construction en briques. Ce style propre à la région s'imposait et devint un produit de vente à succès.

Les villas, immeubles et appartements de l'époque ont marqué le visage de la ville.

Le cordon de ces quartiers (dont l'habitat fut très dense) n'a pas trop souffert des bombardements de la Seconde Guerre mondiale, alors que la cité et l'ancien centre-ville ont été radicalement détruits.

Vers la fin du XIXe siècle, lors des années de fondations et de spéculations, Hanovre se lançait dans la construction et la mise en place de nouvelles entreprises qui depuis sont connues dans le monde entier: les locomotives de Hanomag, les stylos de Pelikan, les pneus de Continental et les biscuits de Bahlsen conquirent les marchés. Hanovre – alors ville résidentielle prussienne-royale – s'enrichit (royale elle ne fut plus que de nom, – il n'y avait plus de roi – mais cela n'importait point). La bourgeoisie, fière de ses acquis, soulignait son nouveau rôle dans la société avec l'édification d'un Hôtel de ville bien visible et distinct.

Le bâtiment est couvert d'une coupole extraordinaire (c'est pourquoi bon nombre de non-résidents se méprennent et se croient face au château de Hanovre) et dépasse, délibérément (avec ses 96 mètres en hauteur), la "Marktkirche", cette église datant du Moyen-Age, et qui jusque-là fut le plus grand édifice de la ville.

Les touristes adorent l'ascenseur oblique de l'Hôtel de ville (le seul en Europe – mis à part celui de la tour Eiffel) et la montée jusqu'aux plateformes panoramiques est un must. La vue d'ensemble le prouve: Hanovre est une grande ville dans la verdure.

Car la verdure tend ses bras jusqu'au coeur du centre-ville: il y a la "Stadtwald" (la forêt de la ville) Eilenriede qui vient de l'est, le lac artificiel "Maschsee" (près duquel on peut voir le parc de sport et le stade) qui vient du sud, puis Herrenhausen et sa "Lindenallee" (longue de deux kilomètres) de l'ouest.

Hanovre a connue de dures épreuves et on peut se demander comment cette ville a pu survivre: elle a souffert des époques de misère, – après la Première Guerre mondiale, lors de la grande inflation qui suivit l'ère dorée des années vingt et lors de la crise économique mondiale – elle a dû se plier sous le régime du national-socialisme, comme l'Allemagne entière, et, finalement elle fut presque intégralement rasée par les bombardements des alliés.

En 1945, après la capitulation des nazis, 75 pourcents de la ville étaient en ruines. Fallait-il reconstruire Hanovre ailleurs ? On y songeait réellement (par exemple, près du "Deister"). Mais les hommes ont besoin de leurs racines et ne peuvent renoncer à leur patrimoine. Une partie de la ville avait résisté aux ravages et la canalisation demeurait presque entièrement intacte.

Hanovre ne fut donc pas déplacé, et, après un intérim américain, les alliés l'intégrèrent dans la zone d'occupation britannique. Les Anglais qui jadis avaient intrônisé un Hanovrien, étaient donc de retour. Les anciens liens entre la Grande-Bretagne et Hanovre furent finalement réactivés. Les Anglais unifiaient les terres de Hanovre, de Brunswick et de Oldenburg, créaient ainsi le Land de la Basse-Saxe et la ville de Hanovre devint sa capitale.

Les occupants souffraient autant de la famine et d'un manque de combustible que la population. Ce fut dans leur intérêt que leur zone reconstituait son économie. Les Hanovriens purent donc fonder une foire pour l'export dès 1947, afin de vendre des biens de tout genre en échange de devises vitaux.

Grâce au rideau de fer qui enfermait littéralement la ville de Leipzig dans la zone d'occupation soviétique (Leipzig fut jadis le centre principal des parcs d'expositions en Allemagne), Hanovre devint LA ville des foires de l'Allemagne fédérale. Elle profitait également du "miracle allemand", de l'essor économique modèle après la guerre. De même, son système de ronds-points fut sans équivoque. Puis, on installait un réseau de tramway (dans la cité, il est souterrain) et des voies piétonnes.

Depuis les années quatre-vingt, la "CeBIT", la foire de l'informatique, a devancé la foire industrielle, de taille et de prestige. Dans les années cinquante, l'industrie automobile s'est installée dans le quartier de Stöcken (le constructeur Volkswagen y a fondé des usines), mais, aujourd'hui, Hanovre est avant tout un centre commercial, d'assurances et de services.

La ville jadis résidentielle, industrielle et qui d'antan fut la base de la classe des fonctionnaires, a ouvert ses portes à un publique international qui visite régulièrement ses foires et expositions. L'exposition mondiale "Expo 2000" y aura lieu et cette exposition devrait engendrer un nouvel essor économique. Les Hanovriens en sont bien conscients, ce qui prouve l'un des principaux slogans: "le troisième millénaire débute à Hanovre". Hanovre se présente aujourd'hui comme une métropole moderne, ouverte au monde, dont les qualités ne sont pas toujours visibles au premier abord. Dans ce contexte, le livre que vous tenez en mains, tient à vous servir de guide.

Heißluft auf
Maschsee-Eis

Hot air on Masch Lake ice

Air chaud sur la glace
du lac "Maschsee"

Wintervergnügen der besonderen Art auf
dem zugefrorenen Maschsee: zwei Heißluft-
ballons beim Start. Hinten links das Rathaus.

A special kind of winter fun on the frozen
Masch Lake. Two hot-air balloons taking off.
Left in the background - the Town Hall.

Loisirs d'hiver particuliers sur le lac "Maschsee"
recouvert de glace: deux montgolfières au
décollage. A l'arrière-plan, l'hôtel de ville.

Wahrzeichen
im Sonnenglanz

Hannover von oben, die Innenstadt im warmen Nachmittagslicht: Hoch ragen in der Bildmitte der rote Backsteinturm und das steile Dach der Marktkirche aus dem Häusermeer: Hier stand die Wiege der mittelalterlichen Marktsiedlung. Halbrechts davon glänzt Wahrzeichen Nummer zwei, die frisch restaurierte Rathauskuppel, im Sonnenschein. Hinten, von Grün umrahmt, glitzert silbrig-blau die Oberfläche des 78 Hektar großen Maschsees. Die grüne Kuppel vorn gehört Wahrzeichen Nummer drei, dem Anzeiger-Hochhaus. Wie durch ein Wunder hat es – wie das Rathaus – den Bombenhagel des Zweiten Weltkriegs beinahe unversehrt überstanden, während die alte City ringsum in Schutt und Asche sank.

Landmark in sunshine

Hanover from above, the inner city in the warm light of afternoon: The red brick tower and steep roof of the market church stand out in the sea of houses: This was the cradle of the market settlement in the Middle Ages. To its (approximate) right landmark number two, the newly renovated town hall's dome, gleams in the sunshine. In the background, framed in

Emblème luisant au soleil

green, glitters the silvery-blue 78-hectare surface of the Masch Lake. The green dome in the foreground belongs to landmark number three, the "Anzeiger Building". It is a miracle that this, as well as the town hall, survived the hail of bombs in the world war nearly unscathed, while the surrounding city was reduced to ruins.

Hanovre vue d'en haut, le centre-ville qui baigne dans la lumière d'une après-midi douce et agréable: au centre s'élèvent la tour en brique et le toit raide de la "Marktkirche" (l'église du marché). Les maisons s'étendent autour comme des vogues de pierre. C'est le berceau de la cité méciévale et de son marché. A mi-droite, la coupole de l'Hôtel de ville récemment restaurée ('emblème numéro deux de Hanovre) se dore dans les rayons de soleil. A l'arrière-plan, la surface du lac "Maschsee",

dont la superficie mesure 78 hectars, encadrée de verdure, scintille dans un gris-bleu magnifique. La coupole verte qui se dresse au premier plan, appartient à l'emblème "numéro trois", à savoir à l'"Anzeiger-Hochhaus", le building "indicateur". Tel l'Hôtel de ville, l'immeuble n'a (mis à part quelques traces insignifiantes) pas été détérioré par les bombardements de la Seconde Guerre mondiale, alors que l'ancienne cité qui se trouvait à ses pieds, fut presque entièrement rasée.

Der Bahnhof und sein „Vorsteher"

Lebensader Eisenbahn: 640 Züge täglich halten im hannoverschen Hauptbahnhof. Niedersachsens Landeshauptstadt liegt im Schnittpunkt der europäischen Nord-Süd- und Ost-West-Verbindungen. Die Wiedervereinigung hat die Stadt noch weiter ins Zentrum des Kontinents gerückt. Vor dem Gebäude von 1875/80 reitet König Ernst August, weist Ankommenden den Weg in die Innenstadt. Der Monarch, spöttisch auch „Bahnhofsvorsteher" genannt, blickt vom hohen Roß in die Bahnhofstraße mit ihrer Fußgänger-Tiefpassage, die von den Stadtplanern etwas bürokratisch „Passerelle" genannt wurde. Für die Hannoveraner ist die Kehrseite des königlichen Rosses seit je ein wichtiger Anlaufpunkt: Sie treffen sich traditionell „unterm Schwanz".

The railway station and its "stationmaster"

Lifeline railway: 640 trains stop in Hanover's main railway station every day. Lower Saxony's capital lies at the meeting point of the European north-south, east-west connections. The reunification has made the city's position on the continent even more central. In front of the building (built in 1875/80) King Ernst August rides on, showing the new arrivals the way into the inner city. The monarch, sometimes jokingly referred to as "The Stationmaster", looks down from his high horse onto the street named for the railway station, with its low pedestrian passages, named "passerelle" by the beaurocratic city planners. For Hanover's locals the rear of the royal steed has always been an important meeting place: They traditionally meet "under the tail."

La gare et son "chef de gare"

Le réseau ferroviaire, l'artère vitale: quotidiennement, 640 trains entrent dans la gare centrale de Hanovre. La capitale de la Basse-Saxe est le point d'intersection des axes nord-, sud- et est-ouest des voies de communication européennes. Grâce à la réunification de l'Allemagne, Hanovre a été ramené un peu plus au centre du continent. Devant le bâtiment (édifié de 1875 à 1880) se dresse la statue du roi Ernst August. Le régent indique l'itinéraire à prendre pour se rendre au centre-ville. Le monarque, ironiquement surnommé "chef de gare", assis sur son cheval, a une vue sur la "Bahnhofsstrasse", la rue de la gare et sa voie piétonne souterraine que les urbanistes ont nommée "passerelle"- expression quelque peu bureaucratique. L'envers du monument est depuis longtemps le lieu de rencontre principal des Hanovriens: on se donne rendez-vous "sous la queue".

Treffpunkt
Kröpcke Uhr

Sagt man der Kröpcke oder das Kröpcke?
Darüber streiten sich die Hannoveraner.
Jedenfalls heißt der Stadtmittelpunkt nach
einem Oberkellner: Wilhelm Kröpcke
übernahm um 1900 das schon damals
berühmte Café Robby. Der gußeiserne
Pavillon von 1869 ging in den Bomben-
nächten des Zweiten Weltkriegs unter, sein
Nachfolger von 1948 mußte Anfang der
siebziger Jahre dem
U-Bahn-Bau weichen. Das heutige Restaurant und Café unter kupferge-
deckten Tonnendächern (eröffnet 1976)
wird von einer international operierenden
Kette betrieben. Davor steht ein schönes
Stück altes Hannover: eine Nachbildung
der 1954 abgebrochenen Normaluhr
von 1885.

Meeting-point
Kröpcke Clock

In the German language, the gender of the
Kröpke is unclear (masculine or neuter?) –
in Hanover this is hotly debated. At any rate
the centre of town is named after a head
waiter: Wilhelm Kröpcke took over the already-
famous Café Robby in about 1900. The cast
iron pavilion of 1869 went under in the night-
time bombing of the second world war, its
successor from 1948 had to give way to the
subway at the beginning of the Seventies.
Today the restaurant and café beneath the
copper roof (opened in 1976) is run by an
internationally-operating chain. In front of
it stands a lovely piece of the old Hanover:
a replica of the "Normal Clock" of 1885, which
broke off in 1954.

L'horloge Kröpcke,
point de rencontre

Les Hanovriens ne peuvent se mettre d'accord
sur le genre correcte de cette place: l'article à
utiliser est-il masculin ou neutre ? En tout cas,
la place centrale de la ville doit son nom à un
maître d'hôtel:
Wilhelm (Guillaume) Kröpcke s'est approprié en
1900 le Café Robby qui, à l'époque avait déjà
une bonne renommée. Le pavillon en fonte,
fondé en 1869, a été réduit à néant par les
bombardements de la Seconde Guerre mondiale. Au début des années soixante-dix, son
successeur a dû faire place au chantier d'une
station de métro. Le toit du café-restaurant
d'aujourd'hui (inauguré en 1976) est couvert
de tonneaux en cuivre. Elle fait partie d'un
groupe gastronomique opérant à l'échelle
internationale. Devant ce café, on peut voir
un symbole des temps passés de Hanovre: une
reproduction de l'horloge "Normaluhr"de 1885
qui a été détruite en 1954.

Marktkirche und
Altes Rathaus

Über 90 Meter reckt die mittelalterliche Marktkirche ihren Turm in den hannoverschen Himmel. Zusammen mit den Fialengiebeln des Alten Rathauses am Markt bildet die mächtige dreischiffige Hallenkirche den südlichsten Vorposten der norddeutschen Backsteingotik. Allerdings ist den Hannoveranern, als es um 1366 an den Bau des Turmes ging, vorzeitig das Geld ausgegangen. „Die Bauleuthe seind müde und im Säckel kranck geworden", berichtet eine Chronik, „und haben den Thurm an seinen vier Giebeln und Archen, best, wie sie gekunt zugedecket, diese itzige geringe Spitze hinauffgesetzet..." Im Zweiten Weltkrieg wurde die Kirche schwer beschädigt.

The market church and the old town hall

The tower of the Middle Age "Marktkirche" (lit. translated market church) reaches over 90 metres into the Hanover sky. Together with the "Fialen" gables of the old town hall on the market square, the mighty three naves of the church hall constitute the southernmost outpost of the North German Gothic brickwork. But the people of Hanover ran out of money

L'église "Marktkirche"
et le Vieil Hôtel de ville

too soon – when it was time to build the tower. "The builders are weary and have become ill," a chronicle reports, "and they have covered the tower at its four gables and arches as best they could and put on it this little tip...." In the Second World War the church was badly damaged.

La tour de l'église "Marktkirche" médiévale s'élève à plus de 90 mètres. Sur la place du marché de Hanovre, ceux édifices furent bâtis qui, en alliance, constituent les remparts méridionaux du style gothique à l'usage au sein de l'Allemagne du Nord (qui se servit surtout de briques): d'une part, l'ancien hôtel de ville et ses pignons ornés de clochetons ; d'autre part, la "Marktkirche" majestueuse, ses trois nefs et ses vastes galeries. A peine les Hanovriens avaien-

ils commencé les échafaudages (en 1366) que leurs réserves pécuniaires s'épuisaient. Les chroniques de la ville rapportent cet événement comme suit: "Les constructeurs avaient une fatigue et la maladie dans leurs bourses, et de la tour ont-ils couvert les quatre pignons et arches le mieux possible, et monté cette flèche maintenant médiocre..." Pendant la Seconde Guerre mondiale, l'église fut sévèrement endommagée.

Flohmarkt vor Altstadt-Kulisse

Tausende bummeln jeden Sonnabend bei schönem Wetter über einen der größten Flohmärkte Norddeutschlands. Vor der altstädtischen Kulisse von Beginenturm (einst Teil der Stadtbefestigung), Marktkirche und ehemaligem Zeughaus (heute Kutschenhalle des Historischen Museums) bieten große und kleine Händler am Hohen Ufer der Leine Altes, Älteres und Antiquarisches – vom Wasserhahn bis zur Spiegelkommode. Mitten drin: die Nanas der französischen Künstlerin Niki de Saint Phalle – drei dicke Kunststoffdamen in poppigen Farben, deren Aufstellung 1974 heftige Diskussionen ausgelöst hatte. „Einst angefeindet, heute beliebt", notiert das Hannoversche Kunst- und Kulturlexikon.

Thousands stroll over one of the biggest flea markets in North Germany on Saturdays when the weather is fine. In front of the old town scenery of Beginenturm (once a part of the town's fortifications), the market church and the former "Zeughaus" or arsenal (today the coach hall of the Museum of History) traders great and small offer for sale old goods and new, and antiques, on Hohen Ufer (trans. High bank) of the Leine – everything from faucets to

Marché aux puces
et vue sur la cité

dressing tables. And in the middle: the Nanas of the French artist Niki de Saint Phalle – three fat plastic ladies in bright colours. When they were set up in 1974 hefty discussions followed. "Once the enemy, now beloved", noted the Hanover art and culture lexicon.

Le samedi, quand le soleil invite à la flânerie, les Hanovriens se rendent par millier à l'un des plus grands marchés aux puces de l'Allemagne du Nord. Sur la "rive élevée" de la Leine, marchand en gros et au détail présentent anciennetés et antiquités – que ce soient de vieux robinets ou des commodes à glaces biseautées – tandis que se déroule derrière eux le tableau de l'ancienne cité, avec sa tour "Beginenturm" (jadis élément des fortifications), la "Marktkirche", l'église de la place du

marché, et l'ancien arsenal (qui, de nos jours, est le salon des carosses du musée historique). Au beau milieu: les Nanas de l'artiste française Niki de Saint-Phalle – trois dames obèses en plastique, en couleurs éclatantes, dont la mise en place en 1974 a provoqué de vives discussions. Le dictionnaire de la culture et des beaux-arts de Hanovre remarque que les Nanas animaient 'jadis les hostilités" et qu'elles sont "populaires aujourd'hui".

Eine Kopie, eine Ruine

Im Zweiten Weltkrieg zerstört und später auferstanden aus dem Nichts: Das Leibnizhaus am Holzmarkt (linkes Foto) mit seinem prächtigen Renaissance-Giebel von 1652 stand bis zu seiner Zerstörung 1943 an der Schmiedestraße. Was in Polen mit kompletten Innenstädten gelang, probierten die Hannoveraner 1980 bis 1983 hier: Die Fassade des Philosophenwohnhauses wurde originalgetreu nachgebaut. Nicht wiederhergestellt wurde dagegen die Aegidienkirche (rechts): Das ursprünglich von Heinrich dem Löwen gestiftete gotische Gotteshaus mit barockem Turm von 1717 und Glockenspiel erinnert als Ruine an die Opfer von Krieg und Gewalt.

A replica, a ruin

Destroyed in the war and later rebuilt from nothing: The Leibniz House on Holzmarkt (left photo) with its splendid Renaissance gable (built 1652) stood in Schmiede Street until its destruction in 1943. What was done with whole inner cities in Poland was attempted in Hanover from 1980 to 1983: The facade of the philosopher's residence was copied from the original. The Aegidien Church, on the other hand, was not rebuilt (right): The Gothic church, with its Baroque tower from 1717 and glockenspiel, was originally sponsored by Henry The Lion, and today its ruin reminds us of the victims of war and violence.

Une copie, une ruine

Détruit pendant la guerre et ressuscité des cendres: la maison Leibniz au "Holzmarkt" (marché de bois ; à gauche) et son fameux pignon dans le style de la Renaissance (édifié en 1652) se trouvait, jusqu'à sa destruction en 1943, dans la rue Schmiedestrasse. Hanovre copiait le "modèle polonais" (en Pologne, on avait rebâti des centres-villes entiers dans l'ancien style): de 1980 à 1983, on édifiait une reproduction fidèle de la façade de la maison du philosophe. En revanche, on ne restaura pas l'église "Aegidienkirche" (à droite): le bâtiment gothique à la tour baroque (de 1717) et au carillon, une donation du roi Henri le Lion, demeure en ruines et incite ainsi à la commémoration des victimes des guerres et de la violence.

Die Altstadt: eine Insel

Blick durch die Kramerstraße auf das Noltehaus von 1881: Das mittelalterliche Hannover war im wesentlichen eine Fachwerkstadt. Von ihr hat der Bombenkrieg kaum etwas stehen gelassen. Was noch übrig ist, drängt sich auf einer kleinen Traditionsinsel zwischen Marktkirche und Leine. Einen kopierenden Wiederaufbau in großem Stil lehnten die Stadtväter nach 1945 ab. Die kleine Rest-Altstadt entwickelte sich ab 1970 zu einem beliebten Treffpunkt mit Kneipen, Pinten und Bistros.

The old part of town: an island

A view down Kramer Street on Nolte House (built 1881): Hanover of the Middle Ages was essentially a town of frame houses. The wartime bombs left hardly any of it. What is left of it is crowded on a small island of tradition between the market church and Leine. The fathers of the town refused to start a big drive to rebuild a new copy of the old town after 1945. The small part that is left of the old town became a popular meeting point with bars, pubs and bistros.

La cité: une île

Vue sur la maison "Noltehaus" de 1881, à travers la "Kramerstrasse": le Hanovre médiéval fut, essentiellement, une ville bâtie à colombage. Les bombardements de la Seconde Guerre mondiale l'ont presque totalement détruite. Ce qui en subsiste est serré entre la "Marktkirche" et la Leine – un petit îlot traditionnel. Après 1945, la ville a refusé le redressement sur la grande échelle. A partir de 1970, la cité (c-à-d. ce qui en restait) devenait un lieu de rencontre populaire. Des bars et bistros s'y installaient.

„Alles bar bezahlt"

Die Großstadt im Grünen fängt mit dem Maschpark gleich hinter dem Rathaus an. Die Südfassade des wilhelminischen Prachtbaus (errichtet 1901 bis 1913) spiegelt sich im Wasser des Maschteichs. Mit dem imposanten Kuppelbau (außen Neorenaissance, innen Jugendstil) hat sich das selbstbewußte Bürgertum der im 19. Jahrhundert reich gewordenen Stadt ein bleibendes Denkmal gesetzt. Und so begrüßte ein stolzer Stadtdirektor Heinrich Tramm bei der Einweihungsfeier am 20. Juni 1913 Kaiser Wilhelm II. auf der Rathaustreppe mit den Worten „Alles bar bezahlt, Majestät." Tramms Nachfolger können davon nur träumen.

"All paid for in cash"

The city in the green begins with the Masch Park right after the town hall. The southern facade of the splendid building (erected 1901 to 1913) is mirrored in the water of the Masch Pond. The imposing dome (neo-renaissance on the outside, art noveau on the inside) is a lasting monument to and by the self-assured bourgeoisie of the town which became rich in the nineteenth century. And so, at the official opening on 20th June 1913, the proud town director, Heinrich Tramm, greeted Emperor William II on the town hall steps with the words "All paid for in cash, your Majesty." Something Tramm's successors could only dream of.

"Tout payé en argent comptant"

Derrière l'hôtel de ville s'étend le "Maschpark", la porte qui donne sur la "métropole dans la verdure". La façade méridionale de l'édifice somptueux (bâti entre 1901 et 1913) et qui correspond au style de l'ère de Guillaume II, est reflétée par l'étang "Maschteich". La bourgeoisie, fière des richesses que Hanovre a accumulées au cours du XIXe siècle, s'est ainsi érigée un monument durable. Le bâtiment, vêtu d'une coupole, a été construit de deux styles différents: le néo-classicisme a marqué la façade, tandis que l'intérieur reflète le "Jugendstil" (style spécifiquement allemand, d'usage au tournant du XIXe au XXe siècle). Voilà pourquoi le maire de Hanovre, Heinrich Tramm, a pu fièrement recevoir l'Empereur Guillaume II, lors de l'inauguration le 20 juin 1913, sur les marches de l'hôtel de ville, en proférant les paroles suivantes: "Tout a été payé en argent comptant, Majesté." Ses successeurs en rêvent.

Theater,
auch vor der Oper

Musik und Theater in Hannover: Wer denkt
da nicht zuerst ans Opernhaus? Der
klassizistische Giebel des eleganten Baus
(errichtet 1845 bis 1852 nach Plänen von
Georg Ludwig Laves) überragt die nüchternen Geschäftshäuser in seiner Umgebung.
Auf dem Platz vor seiner eleganten
Fassade (Vorbild war Schinkels Berliner
Schauspielhaus) wird häufig gefeiert,
gegessen, getrunken und gelegentlich
auch politisiert. Im Wahlkampf pflegen die
Spitzenkandidaten der großen Parteien
hier aufzutreten: Fortsetzung des Theaters
unter freiem Himmel. Das Staatsschauspiel, das nach dem Zweiten Weltkrieg viele
Jahre im Ballhof spielte, bekam 1992 in der
nahen Prinzenstraße ein neues, größeres
Haus.

Drama,
also in front of the opera

Music and theatre in Hanover: Who would not think first of the Opera House? The classical gable of the elegant building (constructed 1845 to 1852 after the plans of Georg Ludwig Laves) overshadows the staid office buildings around it. Crowds often meet on the square in front of the elegant facade (the model was Schinkel's Berlin Playhouse) to eat, drink and be merry – and occasionally politicised. During election campaigns the top candidates of the big parties give speeches here: A continuation of the theatre out in the open. The state theatre, which performed in Ballhof for many years after the second world war, got a new, bigger house near Prinzen Street in 1992.

Des mises en scènes
aussi devant l'opéra

A Hanovre, quand on pense à la musique et au théâtre, on pense, en premier lieu, à l'Opéra. Le pignon du bâtiment élégant (construit de 1845 à 1852, d'après les plans de Georg Ludwig Laves), formé dans le style du classicisme, dépasse les maisons de commerce sobres de son entourage. La place qui s'étend devant sa façade élégante (le théâtre "Berliner Schauspiel-haus" de l'architecte Schinkel figurait de modèle) invite aux fêtes, aux banquets et aux disputes politiques. Lors des campagnes électorales, les têtes de liste des grands partis de la droite et de la gauche se confrontent ici: c'est la mise en scène à ciel ouvert. Le "Staatsschauspiel", le théâtre publique, qui a, encore bien après la seconde guerre mondiale, joué dans la cour des bals (la "Ballhof"), a déménagé en 1992, dans la Prinzenstrasse. Le nouveau bâtiment est plus grand et plus moderne.

Kontraste am Steintor

Nächtliche Großstadt-Kontraste: Am Steintor erhielt das Anzeiger-Hochhaus 1994 einen ungewöhnlichen Nachbarn. Eine gelb-schwarze Trutzburg des italienischen Star-Designers Alessandro Mendini konkurriert mit dem kuppelbekrönten Klinkerbau. Die poppige Burg ist eine Straßenbahnhaltestelle – Teil eines von den Verkehrsbetrieben initiierten und international vielbeachteten Straßen-Designprojekts mit dem Thema „Busstops". Das Hochhaus, heute Teil eines Medienzentrums, ließ Verleger August Madsack 1927/28 für den damaligen „Hannoverschen Anzeiger" von Architekt Fritz Höger errichten.

Contrasts at Steintor

Night-time big city contrasts: On Steintor the Anzeiger House received an unusual neighbour in 1994. A yellow-and-black fortress of the Italian star-designer Alessandro Mendini competes with the domed brick building. The modern castle is a street car stop – part of an internationally noted street design project with the theme "Bus Stops", initiated by the traffic departments. Anzeiger House, today part of a media centre, was built by the architect Fritz Höger in 1927/28 for the publisher August Madsack and the former "Hannoverschen Anzeiger" paper.

Contrastes sur la place Am Steintor

Les contrastes d'une métropole, vue la nuit: à la place "Am Steintor", le building "Anzeiger" a, depuis 1994, un "voisin" insolite. Le créateur-vedette italien Alessandro Mendini a construit une forteresse en jaune et en noir qui est en concurrence avec l'édifice somptueux, fabriqué en briques vernissées. Ce château-fort moderne est une station de tramway qui fait partie d'un projet de modernisation des voies de transport, d'après une initiative des entreprises de transport de la ville dont les échos se sont répercutés dans le monde entier. Le sujet du projet fut intitulé "Busstops". L'éditeur August Madsack chargeait l'architecte Fritz Höger en 1927/28 de l'édification du building (qui, de nos jours, fait partie d'un centre de médias) pour le "Hannoversche Anzeiger" (moniteur de Hanovre), un journal de l'époque.

Sehenswert –
die Museen

Am Fuße eines Regenbogens vermutet der
Volksmund einen Goldschatz. Gelegentlich,
beweist dieses Foto, lagern Schätze unter
dem Regenbogen: Das Niedersächsische
Landesmuseum, ein Neo-Renaissancebau aus
dem Jahr 1892 (Foto), ist ein Mehrsparten-
museum: Urgeschichte, Natur- und Völcker-
kunde, Galerie und Aquarium unter einem
Dach. Bei Kindern besonders beliebt sind die
Moorleichen in der Urgeschichte. Das
Historische Museum in der Altstadt ist der
Landes- und Stadtgeschichte gewidmet. Das
Wilhelm-Busch-Museum (Seite 44) im
Georgengarten zeigt neben Busch wechseln-
de Karikaturen-Ausstellungen. Im Kestner-
Museum am Rathaus sind unter anderem das
alte Ägypten und die Antike zu Hause.

A sight worth seeing –
the museums

At the end of the rainbow lies a pot of gold, so
the legend. Occasionally, as this photo proves,
treasures can be found under the rainbow: The
local Museum of Lower Saxony, a neo-renaissance building from the year 1892 (photo),
consists of many parts: Ancient History, Natural
History and Folklore, a gallery and an aquarium
– all under one roof. Children especially love
the finds from the moor in the Ancient History
section. The History Museum in the Altstadt is
dedicated to the history of the state and city.
The Wilhelm Busch Museum in Georgengarten
(page 44) shows changing caricature exhibitions as well as Busch. In the Kester Museum by
the town hall ancient Egypt and antiquity
have their home.

Intéressant – les musées

La légende populaire croit qu'au pied d'un arc-en-ciel, on trouverait un trésor en or. Parfois, des richesses se trouvent sous un arc-en-ciel. C'est ce que la photographie ci-contre prouve: le musée régional du Land de la Basse-Saxe, un édifice de la néo-renaissance (bâti en 1892; voir la photographie page 43), regroupe différentes rubriques: les ressorts de la préhistoire, de l'histoire naturelle et de l'ethnologie, une galerie et un aquarium sont unis sous un seul toit. Ce que les enfants adorent surtout, ce sont les cadraves des marais qui datent de la

préhistoire. Le musée historique de l'ancienne cité traite l'histoire régionale et l'histoire de la ville. Le musée "Wilhelm Busch" (voir la photographie; Wilhelm Busch fut un auteur et un caricaturiste fort populaire du XIXe siècle qui, en Allemagne, est encore un classique), situé au parc "Georgengarten", présente, mis à part les oeuvres de Busch, d'autres expositions de caricatures en alternance. L'égyptologie et l'antique sont, entre autres, regroupées dans le musée "Kestner" près de l'hotel de ville.

Die Kunst
hat viele Orte

Art is found in many places

Die Kunst hat in Hannover viele Orte: Die renommierte Kestner-Gesellschaft bezog 1997 ein Haus, um das sie weithin beneidet wird. Die frühere Damenhalle des 1981 stillgelegten Goseriedebades (Foto) am Steintor ist zu einem Ausstellungsbau der außergewöhnlichen Art umgebaut worden. Seitdem sehen die Hannoveraner große Kunst, wo zuvor Generationen von ihnen Schwimmen gelernt oder im Dampfbad geschwitzt haben. Das Sprengel-Museum am Maschsee zeigt Meisterwerke der klassischen Moderne, die benachbarte Landesgalerie im Landesmuseum Plastik und Malerei bis zum 19. Jahrhundert. Im Künstlerhaus (Sophienstraße) präsentiert der Kunstverein wechselnde Ausstellungen.

Art has many locations in Hanover: In 1997 the reputable Kestner Company moved into a house envied by many. The former "Ladies' Hall" of the Goseried Baths, which were closed in 1981, (Photo) on Steintor has been remodelled into an exceptional construction for exhibitions. Since then the people of Hanover can see art, here where earlier generations learned to

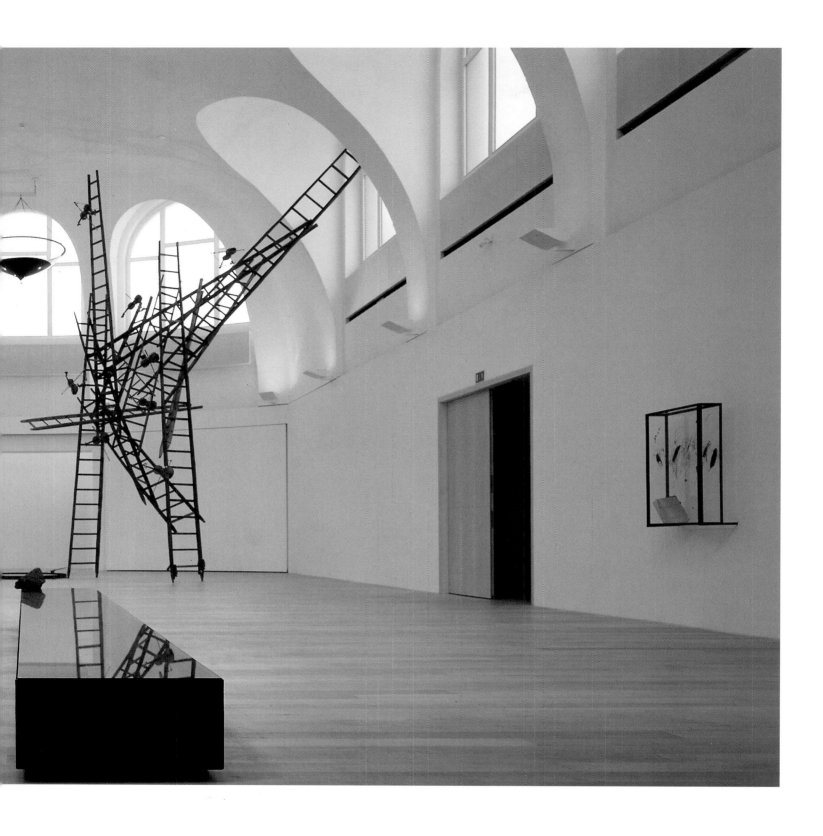

L'art a maints foyers

swim or sweated in the steam bath. The Sprengel Museum on Masch Lake masterpieces of classical Moderns, the neighbouring Landesgalerie (State Gallery) in the Landesmuseum shows sculptures and paintings up to the 19th century. In the "Künstlerhaus" (Artists' House) in Sophien Street the art club shows ever-changing exhibitions.

A Hanovre, l'art s'est établi dans une diversité d'endroits: la "Kestner-Gesellschaft" (la société "Kestner") s'est installée en 1997 dans un bâtiment pour lequel elle est généralement enviée. La salle des dames de la piscine "Goseriede" à la place "Am Steintor"(voir la photographie), fermée en 1981, fut transformé dans une salle d'exposition extraordinaire. Là, où des générations entières ont pris leurs premiers cours de natation ou ont transpirés dans les bains de vapeur, les Hanovriens

savourent les beaux arts. Le musée "Sprengel" près du lac "Maschsee" présente les chefs-oeuvres de l'ère moderne-classique. La "Landes-galerie" (galerie régionale) voisine expose dans le musée régional ("Landesmuseum") des sculptures et des tableaux créés jusqu'au XIXe siècle. Dans la maison des artistes, la "Künstlerhaus"(dans la rue Sophienstrasse), la "Kunstverein" (l'association pour l'art) présente des expositions alternantes.

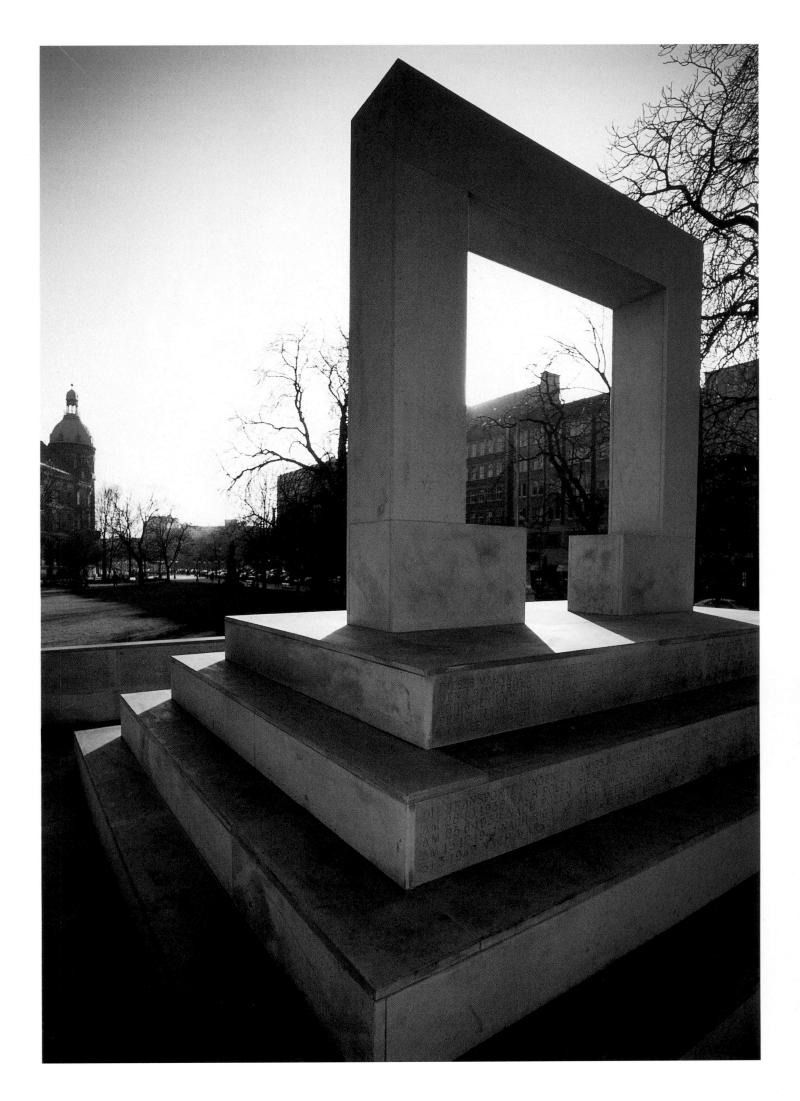

Denkmal
und Mahnmal

Monument and memorial

Monument et mémorial

Kunst spiegelt Geschichte: Seit 1998 erinnert eine Bronzegruppe des italienischen Bildhauers Floriano Bodini (Foto oben) am Niedersächsischen Landtag an die sieben Göttinger Professoren, die gegen die Aufhebung des Staatsgrundgesetzes durch König Ernst August im Jahr 1837 protestiert hatten. Alle sieben, unter ihnen die Gebrüder Grimm, wurden von dem Monarchen aus dem Amt gejagt. Neben dem Opernhaus steht das 1994 errichtete Mahnmal für die während der Nazi-Herrschaft ermordeten hannoverschen Juden (Foto rechts). Die Brüstung des Sandstein-Monuments von Michelangelo Pistoletto trägt die Namen von fast 2 000 Holocaust-Opfern.

Art mirrors History Since 1998 a bronze group by the Italian sculptor Floriano Bodini (Photo above) at the Landtag (state parliament) has commemorated the seven professors from Göttingen who protested against the abolition of the state's constitution by King Ernst August in the year 1837. All seven, among them the Grimm brothers, were removed from office by the monarch. In 1994 a war memorial was erected beside the Opera House to memorialise the Jews of Hanover that were killed during Nazi rule (right). The parapet of the sandstone memorial by Michelangelo Pistoletto carries the names of nearly 2 000 Holocaust victims.

L'art reflète l'histoire: depuis 1998, un groupe de bronze du sculpteur italien Floriano Bodini (voir la photographie), érigé auprès de la diète du Land de la Basse-Saxe, rend hommage aux sept professeurs de Göttingen, qui ont protesté contre l'abolition des lois fondamentales de l'Etat par le roi Ernst August en 1837. Ils furent tous révoqués par le monarque (parmi eux furent les frères Grimm). A côté de l'Opéra, on édifia en 1994 un mémorial en commémoration des juifs de Hanovre, assassinés sous le régime nazi. Michelangelo Pistoletto, le sculpteur du monument en grès, a gravé les noms de presque 2 000 victimes de l'holocaust sur la balustrade du mémorial.

Die Schützen marschieren

„Die lustigen Hannoveraner sind alle beisammen": Die hannöversche Stimmungshymne hallt hundertfach in der Stadt, wenn am Sonntag vor dem ersten Montag im Juli die Schützen vom Rathaus durch die Stadt zum Festplatz marschieren. 7 000 Schützen gibt es in Hannover. Sie sind in 96 Vereinen organisiert. Ihr traditionell „Ausmarsch" genannter Umzug mit Musikkapellen und Festwagen ist zwölf Kilometer lang und führt auch am Leineschloß, dem Sitz des Niedersächsischen Landtages, vorbei (Foto). Das Schützenfest dauert zehn Tage: „Das größte der Welt", sagen die Hannoveraner stolz.

The riflemen are marching

"The jovial Hanoverians are all together": The unofficial anthem of Hanover – a hundred voices ring through the town, when the riflemen march through the town from the town hall to the 'festival" square on the last Sunday before the first Monday in July. There are 7 000 riflemen in Hanover. They are organised into 96 clubs. Their traditional so-called "Marching Out" parade, with marching bands and floats, is twelve kilometres long and passes the Leine palace, the seat of Lower Saxony's Landtag (photo). The "Schützenfest" (Riflemen's Festival) lasts ten days: "The best in the world", as they say proudly in Hanover.

Les tireurs défilent

"Les joyeux Hanovriens sont tous réunis": le chant d'animation et d'ambiance résonne à travers les rues de la ville, proféré par des centaines de voix, quand – le dimanche avant le premier lundi du mois de juillet – la corporation des tireurs amateurs marche de l'hôtel de ville à la place des fêtes. Hanovre a 7 000 tireurs amateurs. Ils sont regroupés dans 96 associations organisées. Leur cortège (nommé sortie: "Ausmarsch") traditionnel, orchestre et chariot de fête inclus, est long de douze kilomètres et passe, entre autres, devant le château "Leineschloß" (voir la photographie), le siège de la diète du Land de la Basse-Saxe. La fête de tir dure dix jours: c'est "la plus grande fête au monde", disent les Hanovriens fièrement.

Bitte nicht stören

Sommerliche Abendstimmung am Maschsee: Auf dem nahen Schützenplatz überragt das größte transportable Riesenrad der Welt die Baumwipfel. Auf dem Festplatz geht es jetzt zehn Tage lang rund. Dann dringt Rummelplatzmusik ans Ufer herüber, stört ein wenig die Ruhe auf dem 1935/36 angelegten künstlichen Gewässer. Nur ein einsamer Segler zieht seine Kreise. Wenn sich die Dunkelheit über das Wasser gelegt hat, zieht es die Liebespaare auf die Bänke am Gestade. Spätestens dann ist der Maschsee einer der romantischsten Plätze in Hannover. Bitte nicht stören!

Please do not disturb

Twilight atmosphere at Masch Lake in summertime: On the nearby "Schützenplatz" (Rifleman's Square) the largest transportable Big Wheel in the world dwarfs the treetops. The square will now see ten days of activity. At this time snatches of fairground music are carried over to the banks and disturb the peace somewhat on the artificial lake (created in 1935/36). A lonely sailor circles. When darkness falls over the water, lovers are drawn to the benches on the foreshore. Now, if not before, Masch Lake is one of the most romantic places in Hanover. Please do not disturb!

Ne pas déranger, s'il vous plaît

Aux bords du lac "Maschsee", la soirée d'été crée son ambiance spécifique: la grande roue sur la place de tir, non loin d'ici, le plus grand engin transportable de ce genre dans le monde entier, dépasse les couronnes des arbres. Durant la kermesse, on fait la fête pendant dix jours. La musique de foire, en fragments, tranche la nuit et se pose sur les bords de ces eaux artificielles aménagées en 1935/36, et gêne un peu le silence qui s'y était déjà installé. Un homme solitaire croise le lac en son bateau à voiles. Quand la nuit s'est posée sur l'eau, les amoureux se rendent aux bancs aux bords. En ces moments-là, le lac "Maschsee" est l'un des endroits les plus romantiques de Hanovre. A ne pas déranger, s'il vous plait !

Sport, Sport, Sport,

Maschsee und Sportpark sind Nachbarn. Die Wälle des traditionsreichen Niedersachsen-Stadions wurden 1951/52 aus 2,5 Millionen Kubikmeter Trümmerschutt aufgeschüttet. Wenn die Hannoveraner den Spielern von Hannover 96 zujubeln, sitzen oder stehen sie auf rund einem Drittel der Überreste ihrer im Krieg zerstörten Stadt. Eingeweiht wurde die Arena 1954. Stadionsporthalle (6 000 Plätze), die Betonschalen des kühn geschwungenen Stadionbades, das Bundesleistungszentrum Nord und mehrere Sportplätze komplettieren den sportlichsten Teil der Stadt. Ganz in der Nähe, am Ferdinand-Wilhelm-Fricke-Weg: die Jugendherberge.

Sport, sport, sport

Masch Lake and the sports park are neighbours. The embankments of the Niedersachsen Stadium, a place rich with tradition, were built up with 2.5 million square metres of rubble. When the fans cheer on the players of Hanover 96, they are sitting or standing on about a third of the remains of their city that had been destroyed in the Second World War. The arena was officially opened in 1954. The stadium hall (6 000 seats), the concrete shell of the boldly curved stadium pool, the "Bundesleistungszentrum Nord" (Trans. Federal Performance Centre North) and numerous sports fields complete the city's recreational side. Close by, on Ferdinand-Wilhelm-Fricke Road: the youth hostel.

Le sport règne

Le lac "Maschsee" et le parc des sports sont voisins. Les remparts du stade de la Basse-Saxe ("Niedersachsen-Stadion") furent élevés en 1951/52. Or s'est servi de 2,5 mi lions de mètres cube. Quand les Hanovriens acclament l'équipe de football de "Hannover 96", environ un tiers des débris de leur ville, détruite pendart la guerre, est sous leurs pieds. Le stade fut inauguré en 1954. La salle des sports du stade (6 000 places), la cuvette élégamment descinée de la piscine du stade, le centre de performances sportives fédéral – section nord –, et de divers terrains de sport complètent la gamme. Non loin de là, auprès de la rue "Ferdinand-Wilhelm-Fricke-Weg": l'auberge de jeunesse.

Prächtiges Herrenhausen

Der Große Garten in Herrenhausen –
eine Perle der barocken Gartenbaukunst in
Europa: Daß er erhalten blieb, war eher ein
glücklicher Zufall. Weil die hannoverschen
Könige im 18. Jahrhundert ihr Stammland
von London aus regierten, interessierten sie

sich nicht für den Park ihrer Vorfahren. Sonst
wären die Landschaftsarchitekten vermutlich
beauftragt worden, ihn der neuen Mode
entsprechend in einen englischen Land-
schaftspark zu verwandeln. Bis auf das im
Krieg zerstörte Schloß ist hier (fast) alles

so wie einst zu Zeiten der Kurfürstin Sophie.
Nur springt die Große Fontäne noch höher,
brennen die Feuerwerke noch prächtiger
als damals.

Splendid Herrenhausen

The great garden of Herrenhausen – a pearl of Baroque gardening construction in Europe: its survival a lucky coincidence. Because the kings of Hanover ruled the region from London, they were not interested in their ancestor's park. Otherwise landscape gardeners would no doubt have been ordered to transform the park according to the new English fashion. Except for the palace, which was destroyed during the war, (nearly) everything here is as it was in the time of electoral Princess Sophie. Only the fountains spray higher. and the fireworks burn more splendidly than in those days.

Herrenhausen, parc somptueux

Le grand parc de Herrenhausen est un des joyaux de la culture jardinière baroque européenne. Le jardin a subsisté par pur hasard et heureuses circonstances. Les rois de Hanovre ont, au XVIIIe siècle exercé leurs pouvoirs de leur siège à Londres, et ne s'intéressaient guère au parc de leurs ancêtres. Sinon, ils auraient certainement chargé un architecte paysagiste de le transformer selon le style à la mode, c'est-à-dire qu'ils en auraient probablement fait un parc anglais. Mis à part le château qui fut détruit pendant la guerre, le parc de l'Electrice Sophie a demeuré presque entièrement intact. Il n'y a que les jets d'eau qui s'élancent encore plus vers le ciel et les feux d'artifice qui sont encore plus magnifique que d'antan.

Die Welfen sind
nie eingezogen

1857 begannen die Welfen nahe bei der zwei Kilometer langen Herrenhäuser Allee mit dem Bau eines neuen Schlosses. Eingezogen sind sie nicht mehr. Als Hannover 1866 vom mächtigen Nachbarn Preußen annektiert wurde, standen gerade die Außenmauern. Heute dient der beeindruckende Bau im Rundbogenstil als Hauptgebäude der Universität. Vor dem Eingang schwingt Niedersachsens Wappentier, das Sachsenroß, die Hufe. Daß sich der Bildhauer Albert Wolff das Leben genommen habe, weil er die Zunge vergessen habe, gehört ins Reich der Legende. Hannover hat außerdem eine Tierärztliche, eine Medizinische, zwei Fachhochschulen und eine Hochschule für Musik und Theater. An Niedersachsens größtem Hochschulstandort lernen zusammen mehr als 46 000 Studenten.

The Welfe never moved in

In 1857 the Welfe began building a new palace near the two-kilometre-long Herrenhäuser Avenue. They never moved into it. When Hanover was annexed by its mighty neighbour Prussia in 1866, the outer walls had just been completed. Today the mighty construction in the curved style now serves as the main building of the university. At the entrance Lower Saxony's heraldic animal, the Saxon horse, swings its hooves. That the sculptor Albert Wolff committed suicide because he had forgotten its tongue is a myth. Hanover also has a veterinary and medical School, as well as two polytechnic colleges, and a drama and music School. 46 000 students study in Lower Saxony's largest tertiary education site.

Les Guelfes n'ont jamais emménagé

En 1857, les Guelfes ont commencé, non loin de la "Herrenhäuser Allee" (longue de deux kilomètres), l'échafaudage d'un nouveau château. Ils n'ont plus pu l'emménager. Lorque Hanovre fut annecté en 1866 par son voisin puissant, la Prusse, on avait à peine érigé les murs extéri,eurs. L'édifice, formé en arc en plein cintre, sert aujourd'hui à l'université de bâtiment central. Devant cet édifice, le symbole des armes de la Basse-Saxe s'élance sur ses sabots: le cheval des Saxons ("Sachsenroß"). Que le sculpteur Albert Wolff se serait suicidé parce qu'il avait oublié la langue de l'animal, n'est qu'une chimère. Par ailleurs, Hanovre bénéficie d'une école supérieure de médecine vétérinaire, une école supérieure médicale, ainsi qu'une académie de la musique et du théâtre. Hanovre est le centre principal de la Basse-Saxe, en ce qui concerne les études, et regroupe 46 000 étudiants.

Dichterfürst
vorm Glaspalast

Kunst und Kommerz, Klassiker und Kaufhaus: Hart im Raume stoßen sich die Sachen, sagt Friedrich von Schiller im „Wallenstein". In der City, am Schnittpunkt von Georg- und Schillerstraße, steht der Dichter etwas verloren vor der spiegelnden Glasfassade des hypermodern umgestylten Karstadt-hauses. Rundherum ist immer was los. Hannover gilt wegen seiner zentralen Lage inmitten eines Wirtschaftsraums von 1,1 Millionen Einwohnern als einer der attraktivsten Einkaufsstandorte Deutschlands. Der Einzelhandel profitiert von einem weiten Einzugsgebiet. In ihrer Magnetwirkung ist Hannovers City bundesweit die Nummer eins. Aber wie überall machen auch hier Fachmarktzentren auf der grünen Wiese der Innenstadt Konkurrenz.

Un poète–génie
devant un palais vitré

L'art et le commerce, le classique et le grand magasin: Les choses se heurtent dans un volume restreint, dit Frédérich von Schiller dans sa pièce "Wallenstein". Au centre-ville, au carrefour des rues Georgstrasse et Schillerstrasse, le poète a l'air un peu perdu face à la façade en vitres reflétantes du grand magasin "Karstadt" revetu et modernisé. Autour de ces deux "concurrents", ça bouge. Hanovre a la renommée d'avoir l'un des centres commerciaux les plus attrayants de l'Allemagne, parce qu'elle est le noyau d'une région qui compte 1,1 millions habitants. Le petit commerce profite d'un secteur de perception large. Le centre-ville de Hanovre figure au premier rang, à l'échelle nationale, en ce qui concerne son niveau d'attraction commerciale. Mais, comme partout, les hypermarchés des agglomérations sont une concurrence sévère.

Poet prince
before a glass palace

Art and commerce, classics and a department store: "Hart im Raume stoßen sich die Sachen", (lit.trans. entities clash in space) to quote Friedrich von Schiller in "Wallenstein". In the city, at the intersection of George and Schiller Street, the poet stands rather forlorn before the mirrored glass facade of the hypermodern, newly-renovated Karstadt department store. Roundabout there is a lot of activity. Hanover, with its central location in the middle of a business region with a population of 1.1 million, is considered one of the most attractive shopping areas in Germany. The retail trade profits from a large market. The magnetism of Hanover is the highest in the republic. But here, as everywhere, the speciality malls in the green areas compete with the inner city.

Politik beim Espresso

Einkaufen und bummeln, dabei gut essen und trinken: Hannovers City bietet dazu vielfältige Möglichkeiten. Ein beliebter Treffpunkt ist die Markthalle an der Karmarschstraße (Foto Seite 66): Bei einem Espresso oder einem Snack ist im „Bauch von Hannover" schon mancher politische Deal besiegelt worden. Kein Wunder: Landtag und Rathaus sind nur ein paar Schritte entfernt. Ganz edel geht es in der Galerie Luise (Foto Seite 67) zu: In der 1987 eingeweihten Ladenpassage zwischen Luisen-, Joachim- und Theaterstraße gibts Acessoires und Outfit von der gehobenen Art. Unterhalb der gläsernen Rotunde ist Gelegenheit für eine Pause vom Shopping-Stress.

Politics over espresso

Shopping and window-shopping, eating and drinking well: Hanover's City offers a variety of possibilities. A favourite meeting place is the "Markthalle" (market hall) in Karmarsch Street (photo page 66): Many a political deal has been finalised over an espresso or a snack in the "Bauch von Hannover" (belly of Hanover). No wonder: Landtag (state parliament) and city hall are only a few steps away. Gallery Luise (photo page 57) is very noble: In the shopping passage between Luisen, Joachim- and Theater Streets, opened in 1987, there are sophisticated accessories and outfits to be found. Beneath the glass rotunda one can take a break from the stress of shopping.

Traîter politique à l'espresso

Flâner, courir les magasins, et savourer la bonne cuisine: le centre-ville de Hanovre offre toute une gamme de bien-être. La salle de vente "Markthalle", près de la rue Karmarschstrasse (voir la photographie page 66), est un lieu de rencontre populaire: bon nombre d'affaires politiques furent réglées ici, dans le "ventre de Hanovre", à l'aide d'une tasse d'espresso ou d'un amuse-bouche qui ont favorisé une ambiance décontractée. La diète du Land de Hanovre et l'hôtel de ville sont à portée de main. La galerie Luise (voir la photographie page 67), inaugurée en 1987 au croisement des rues Luisenstrasse, Joachimstrasse et Theaterstrasse, rayonne de noblesse: dans ses boutiques, on peut s'acquérir des accessoires et vêtements de classe soutenue. Sous la rotonde de verre, on a la possibilité de se reposer du stress des courses.

Heute essen wir im Stall ...

Essen gehen in Hannover: Vielleicht in einem ehemaligen Stallgebäude der früheren Kavallerie-Reitschule? Dieses stilvolle Restaurant an der Dragonerstraße im Stadtteil Vahrenwald macht´s möglich. Man kann es sich aber auch in einem ehemaligen Bahnhof, in umgenutzten Fabriken, in einer Mühle oder in einem von mehreren alten Bauernhäusern schmecken lassen. Schon vom Ambiente her ist hier so ziemlich für jeden das Passende dabei. 5-Sternekoch oder Spanier Grieche, Italiener, Türke, Chinese um die Ecke? Das ist auch in Hannover eine Frage von Geschmack und Geldbeutel. Nur nach typisch regionaler Küche muß der rustikal gestimmte Gast etwas länger suchen: Die hat sich hier im Norden nicht so gut gehalten wie im Süden der Republik.

Today we are going to eat in the stable

Going out to eat in Hanover: Perhaps in the former stables of the then Cavalier Riding School? This stylish restaurant on Dragoner Street in the district Vahrenwald makes it possible. You can also enjoy a meal in a former railway station, an unused factory, in a mill or in one of many old farmhouses. As far as ambience goes there is something to suit every taste. A five-star chef or the Spanish, Greek, Italian, Turkish, Chinese around the corner? This is also in Hanover a question of taste and what you want to pay. Only the typical regional food is harder to find: It has not been kept up in the north as it has in the south of the republic.

Aujourd'hui, nous dînons à l'étable

Si on veut diner à Hanovre, pourquoi ne pas essayer l'ancienne étable d'une école d'équitation de cavalerie d'antan ? Elle héberge de nos jours un restaurant noble près de la rue Dragonerstrasse, dans le quartier "Vahrenwald". On peut aussi savourer la bonne cuisine dans une gare fermée, des usines transformées, dans un moulin ou dans de diverses fermes. Quelque soit l'atmosphère désirée, on trouve une localité qui la satisfait. La haute cuisine, la cuisine espagnole, greque, italienne, turque, chinoise, tout est pratiquement au coin de la rue. Le goût et la bourse décident à Hanovre. La seule cuisine qui soit peu ou proux représentée est la cuisine régionale traditionnelle et rusticale. Elle a peu résisté aux temps modernes, contrairement à celle des régions méridionales.

Der Pelikan
ist ausgeflogen

Kekse? Lassen Sie sich von den beiden Brezel-Trägern an der Fassade des Bahlsen-Stammhauses in der List (Foto oben) nicht täuschen. Hier an der Podbielskistraße werden längst keine Plätzchen mehr gebacken. Die Fabrikation wurde ausgelagert. Aus dem Fabrikkomplex ist der Podbi-Park geworden, ein großer Wohn-, Büro- und Geschäftskomplex mit einer Einkaufspassage. Auch einige Blöcke weiter nördlich, im alten Pelikan-Werk, kocht Günther Wagner keine Tinte mehr. Der Pelikan ist ausgeflogen. Das Pelikan-Viertel gilt heute als eine besonders gut gelungene Mischung aus Wohnungen, Büros, Hotel und Restaurants.

The pelican has flown

Cookies? Don't let the two Pretzel-carriers on the façade of the Bahlsen headquarters fool you (photo above). Cookies are no longer baked here on Podbielski Street. The production has moved. The factory has become Podbi Park, a large residential, office and business complex with a shopping mall. And some blocks further on, in the old Pelikan plant, Günther Wagner boils no more ink. The pelican has flown. The Pelikan quarters are now a particularly successful mix of flats, offices, hotels and restaurants.

Le pélican s'est envolé

Il ne faut pas se leurrer des deux porteurs de brezel sur la façade de la maison de l'entreprise Bahlsen qui se trouve près de la rue Podbielskistrasse, dans le quartier de la List. On n'y fabrique plus de biscuits depuis bien longtemps. On l'a transformé dans un ensemble d'appartements, de bureaux et de boutiques, une galerie inclue, et nommé "Podbi-Park". L'usine de Pelikan, à quelques pâtés de maisons plus loin, au nord du Podbi-Park, où jadis on fabriquait de l'encre, le "pélican s'est envolé". Le quartier "Pelikan" a été aménagé et regroupe aujourd'hui un ensemble bien agencé d'appartements, de bureaux, d'hôtels et de restaurants.

Banker setzen ein Zeichen

Sichel und Kubus: Kontrastreich und selbstbewußt haben die Banker von der Deutschen Genossenschaftsbank 1990 am Raschplatz ein imposantes Zeichen gesetzt. Ihr Gebäude an der Berliner Allee zählt zu den Glanzstücken moderner Architektur in Hannover. Ein Symbol auch für den Strukturwandel in der einstigen Industriestadt: Dienstleister wie Banken und Versicherungen bilden heute, abgesehen von der Messe, die wichtigsten Standbeine der hannoverschen Wirtschaft.

Bankers make a statement

Sickel and cube: The bankers of the "Deutsche Genossenschaftsbank" (German Co-operative Bank) of 1990 have given a clear signal, with imposing contrasts and self-assurance, on Rasch Square. Their building on Berliner Avenue counts in Hanover as a gem of modern architecture. Also a symbol of the structural changes in the former industrial city: Services such as banks and insurance companies form the most important pillars of Hanover's economy, besides the trade fairs.

Les banquiers érigent un emblème

Une faucille et un cube: les banquiers de la „Deutsche Genossenschaftsbank" firent ériger en 1990 un symbole remarquable sur la place Raschplatz. Cet édifice près de la Berliner Allee est un joyau de l'architecture moderne à Hanovre. C'est aussi un symbole de l'évolution et de la transformation de la ville jadis industrielle: mis à part le parc d'expositions, le secteur des services, les banques et les assurances forment le fondement de l'économie hanovrienne.

Ein Unikum –
der Rucksackturm

Egal, aus welcher Richtung sich Reisende Hannover nähern: Der Telemax am Weidetorkreisel taucht garantiert irgendwann am Horizont auf. Mit 282 Metern überragt seine Antennenspitze mit Abstand jedes andere Gebäude der Stadt. Der 1992 fertiggestellte Fernseh- und Fernmeldeturm trägt sein Betriebsgeschoß wie einen Rucksack am quadratischen Schaft. Republikweit ist der Turm ein Unikat: „Wir wollen nicht irgend einen Turm, wir wollen ein unverwechselbares Merkzeichen", hatten die Hannoveraner gefordert. Die Telekom gab nach.

A real character –
the "Back-pack tower"

No matter from which direction travellers approach Hanover: The Telemax on Weidetorkreisel (roundabout) is bound to appear on the horizon at some time. At 282 metres its antenna tip is much higher than any other building in town. The TV and telecommunications tower, completed in 1992, carries its working floor like a backpack on the square shaft. The tower is unique in the republic: "We don't want just any tower, we want an unmistakable trademark," people in Hanover demanded. Telekom agreed.

Un original – la tour "sac-à-dos"

Peu importe de quelle direction les voyageurs s'approchent de Hanovre: tôt ou tard, la tour Telemax apparaît au bout de l'horizon. Il a une hauteur de 282 mètres et son antenne dépasse largement tout autre bâtiment de la ville. La tour de télécommunication, inaugurée en 1992, porte son étage de service comme un sac-à-dos collant au fût carré. A l'échelle nationale, la tour est unique. Les Hanovriens avaient exigé: "Nous ne voulons pas n'importe quelle tour, nous voulons un symbole incomparable." La société allemande de télécommunication a fléchi.

Von Kanal- und anderen Häfen

Die Hindenburgschleuse, ein technisches Denkmal von Rang: 1918 bis 1928 wurde sie im heutigen hannoverschen Ortsteil Anderten gebaut, um bei der Verlängerung des Mittellandkanals auf dem Weg zur Elbe einen Höhenunterschied von 15 Metern zu überwinden. Mit zwei 225 Meter langen und zwölf Meter breiten Becken galt das Bauwerk lange als größte Binnenschiffahrtsschleuse Europas. Hannover ist – in doppeltem Sinne – auch Hafenstadt: Der moderne Flughafen, einst Vorbild für den Moskauer Airport, und die Häfen am Kanal Ruhrgebiet – Berlin verknüpfen die Niedersachsen-Metropole auch mit dem internationalen Luft- und Wasserstraßennetz.

From the canal and other harbours

The "Hindenburg locks", a technical monument of note: it was built from 1918 to 1928 in the Hanover district today called Anderten, to overcome the height difference of 15 metres in the extension the Mittelland canal toward the Elbe. With its 225 metre long and twelve metre wide basin the construction was long considered the largest inland lock in Europe. Hanover is – in two senses – also a port: The modern airport, once a model for the Moscow airport, and the harbour on the canal Ruhr region – Berlin connects the Lower Saxon metropolis to the international air and water street network.

Ports de canaux et autres

L'écluse "Hindenburg" est un monument technique de premier ordre: de 1918 à 1928, elle fut érigée à Anderten, qui est, aujourd'hui, un quartier de Hanovre, afin de maîtriser une inégalité de hauteurs- à savoir 15 mètres- lors de la prolongation du canal "Mittellandkanal" vers l'Elbe. L'édifice fut, pendant bon nombre d'années, la plus grande écluse de la navigation fluviale en Europe, avec ses bassins qui, chacun, ont une longueur de 225 mètres et une largeur de douze mètres. Hanovre est aussi, au sens propre et au sens figuré, une ville portuaire: d'une part, il y a l'aéroport qui jadis servit de modèle à celui de Moscou, d'autre part, par les ports près du canal "région de la Ruhr – Berlin" qui relient la capitale de la Basse-Saxe au réseau aérien et fluvial international.

Frühling im Stadtpark

Ein Hauch von Frühling im Stadtpark: Im Wasserbecken spiegelt sich die Kuppel des 1912/13 als Stadthalle errichteten Hannover Congress Centrums (HCC). Welch ein Ambiente für Veranstaltungen, Bälle, Konzerte und Kongresse: Der neoklassizistische Bau des Architekten Paul Bonatz hebt sich angenehm ab von den nüchternen Hallenneubauten, die andere Städte nach dem Krieg hochgezogen haben. Und was ist schöner, als sich in einer Pause in einem sechs Hektar großen Park zu ergehen, der unter anderem einen Rosengarten mit 140 Sorten aufzuweisen hat? 1951 war der Park Schauplatz der ersten Bundesgartenschau.

Spring in the "Stadtpark"

A breathe of spring in the "Stadtpark" (City Park): In the pool of water one sees the reflection of the dome of the Hanover Congress Centre (HCC), built in 1912/13 as the "Stadthalle". What ambience for events, balls, concerts and congresses: The neo-classic construction by the architect Paul Bonatz is a pleasant contrast to the sombre halls that were built in other cities after the war. And what could be nicer than taking a break in the six-hectare park, which boasts, among other things, a rose garden with 140 types. In 1951 the park was the scene of the first federal garden show.

Printemps aux jardins publiques

Une trace de printemps dans les jardins publiques "Stadtpark": le bassin du parc reflète la coupole du "Hannover Congress Centrum" (centre de congrès de Hanovre), un bâtiment édifié en 1912/13 qui alors fut nommé "Stadthalle" (salle publique de la ville). L'atmosphère spécifique du centre de congrès invite de manière agréable aux fêtes, bals, concerts et congrès: l'édifice construit par l'architecte Paul Bonatz dans le style du néo-classicisme se détache agréablement des salles modernes et sobres que d'autres villes firent bâtir après la guerre. Y a-t-il d'autres loisirs plus charmants que de flâner pendant son heure de repos dans un parc qui a une superficie de six hectars, un parc qui, en outre, bénéficie d'un jardin de roses avec 140 espèces différentes ? En 1951, le parc reçu la première exposition jardinière de l'Allemagne, nommée "Bundes-gartenschau".

Messen mit Zukunft

Impressionen von einem der wichtigsten internationalen Messeplätze Europas: Futuristisch anmutende Dachkonstruktionen (Foto links) und ein Panorama-Restaurant, das wie eine Aussichtskanzel an Stahlseilen hängt (rechts) – das moderne Tagungszentrum ist zum Aushängeschild des Messegeländes geworden. Nicht das einzige Glanzlicht: Von 1990 bis zum Expo-Jahr 2000 wurde rund eine Milliarde Mark in neue Hallen und Einrichtungen investiert. Allein die Hallenfläche wuchs auf 450 000 Quadratmeter. Von zehn weltweit größten Messen finden fünf in Hannover statt, darunter die Computer-Messe CeBIT und die Hannover-Messe. Jährlich werden auf dem Gelände rund 2,5 Millionen Besucher und 28 000 Aussteller gezählt.

Trade fair with a future

Impressions of the most important international trade fair grounds in Europe: Futuristic roof constructions (photo left) and a panorama restaurant, which hangs from steel cables like a lookout point (right) – the modern conference centre has become the advertisement for the fair grounds. Not the only highlight: From 1990 to the year of the Expo 2000 around thousand

Foires d'avenir

million marks were invested in new halls and buildings. The hall area alone has grown to 450 000 square metres. Of the ten biggest trade fairs world-wide, five take place in Hanover, including the computer fair CeBIT and the Hanover Fair. Annually there are approximately 2.5 million visitors and 28 000 exhibitors.

Le panorama de l'un ces parcs d'expositions les plus importants à l'échelle européenne: les constructions de toitures à l'air futuriste (à gauche) et un restaurant-panorama qui est suspendu à des câbles d'acier et qui ressemble à une coupole de vue panoramique (à droite), valorisent l'emplacement de la foire. Il y a d'autres joyaux: de 1990 à l'an 2000, l'année de l'"Expo 2000", on a investi environ un milliard

de Deutsch-Mark (à peu près 3,5 milliards de nouveaux francs) pour aménager de nouvelles salles et installations. La superficie des salles a atteint, à elle seule, 450 000 mètres carrés. Cinq des dix premières foires au monde ont lieu à Hanovre, dont la foire des systèmes informatiques "CeBIT" et la Foire de Hanovre. Chaque année, on compte environ 2,5 millions de visiteurs et 28 000 exposants.

Was heißt Café
auf Arabisch?

What is Café in Arabic?

Was heißt Café auf Arabisch? Mitten in der City, am Kröpcke, können Hannoveraner und ihre Gäste Sprachstudien treiben: In sechzig Sprachen prangt das Wort „Café" an der Fassade des Expo-Cafés (Foto). Der Zuschlag für die Weltausstellung 2000 – unter dem Motto „Mensch – Natur – Technik" hat den Lebensrhythmus Hannovers um die Jahrtausendwende beschleunigt. Der internationale Messeplatz ist dadurch noch internationaler geworden. Wie zuvor die Wiedervereinigung sorgte die Expo für einen Bauboom in der Stadt. Neue Straßen, neue Stadtbahn- und S-Bahnlinien machen die Landeshauptstadt der Niedersachsen fit fürs 21. Jahrhundert.

What is "Café" in Arabian? In the middle of the City, on Kröpcke, Hanover's citizens and visitors can pursue language studies: The word "Café" can be found in sixty languages on the facade of the Expo-Café (photo). Winning the Expo 2000 – with the motto "Man – Nature – Technology" has accelerated the rhythm of Hanover at the turn of the century. The

Comment dit-on café en arabe ?

international trade fair grounds have thus become even more international. As the reunification did before, the Expo lead to a building boom in the city. New streets, new street car lines and public transport train lines all make the Lower Saxon capital fit for the 21st century.

Comment dit-on café en arabe ? Au beau milieu du centre-ville, sur la place Kröpcke, les Hanovriens et leurs hôtes peuvent faire des recherches linguistiques: sur la façade du "Expo-Café", le mot café est inscrit dans soixante langues différentes (voir la photographie). L'attribution du salon d'exposition de l'an 2000, dont la devise est "l'homme – la nature – la technique", a accéléré le rythme de vie de

Hanovre. Le parc d'exposition international est encore plus international. L'"Expo 2000" a, telle la réunification de 1990, provoqué un nouvel essor de construction au sein de la ville. De nouvelles rues et voies de tramway et de métro améliorent les conditions urbaines de la capitale de la Basse-Saxe au tournant du XXe au XXIe siècle.

Multikulti
statt Industrie

Goldgelbe Heidekartoffeln! Äpfel heute besonders günstig! Hier Oliven, Schafkäse! Wochenmarkt auf dem Lindener Marktplatz, einer von vielen in Hannover. Mitten im Getümmel wacht der Nachtwächter auf seinem Brunnensockel. Erst 1885 war das Industriedorf Linden Stadt geworden. Mit Marktplatz und Rathaus schuf es sich Ende des 19. Jahrhunderts einen repräsentativen Mittelpunkt. Seit 1920 gehört Linden zu Hannover. Längst prägen den einstigen Industrie- und Arbeiterbezirk keine rauchenden Schlote mehr. Vor allem Linden-Nord beiderseits der Limmerstraße gilt heute wegen seiner Kneipen und der buntgemischten Bevölkerung mit hohem Studenten- und Ausländeranteil als der Multi-Kulti-Stadtteil von Hannover.

Multi-cultural
instead of industrial

Golden-yellow potatoes from the Heide (Trans. heath)! Apples especially cheap today! Here olives, goat cheese! The weekly market on the Linden Market Square, one of many in Hanover. In the middle of the crowds, the night watchman guards his fountain pedestal. The industrial village Linden advanced to being a town in 1885. With the building of its market place and town hall it created a representative centre at the end of the 19th century. Since 1920 Linden is a part of Hanover. It has been a long time since the (formerly) industrial and workers districts were characterised by smokestacks. Especially Linden-Nord in the north, on both sides of Limmer Street, is a multi-cultural neighbourhood, due to its bars and the brightly mixed population with a high percentage of students and foreigners.

Quartiers multiculturels,
non industriels

Des pommes de terre dorées de la région de la Heide! Des pommes bon marché! Des olives, du fromage de brebis! Le marché hebdomadaire sur la place du "Lindener Markt" figure parmi une multitude de marchés à Hanovre. Le gardien de nuit monte la garde sur le socle du puits au beau milieu de la cohue. Le village industriel Linden n'a atteint le statut d'une ville qu'en l'an 1885. Vers la fin du XIXe siècle, Linden s'est bâti un centre représentatif avec sa mairie et sa place du marché. En 1920, Linden fut incorporé dans la ville de Hanovre. Les cheminées d'usines ne marquent plus le quartier qui jadis fut un quartier industriel et un foyer d'ouvriers. Surtout le district de Linden-Nord, au-delà et en-deçà de la rue Limmerstrasse, a adopté le caractère d'un quartier multiculturel, grâce à ses bistros et un taux élevé d'étudiants et d'étrangers.

Neues Leben in alten Häusern

Eine rote Ziegelfassade: Das ist die Handschrift der hannoverschen Architekturschule, die diese Art Neugotik in der zweiten Hälfte des 19. Jahrhunderts zum Leitstil in Hannover machte (Foto Seite 86). Wie dieses Haus in der Oststadt haben viele Wohnhäuser die Kriegszerstörung und nachfolgende Abrißwut überstanden. Üppig bepflanzte Balkone signalisieren, daß neue Generationen von Mietern oder Eigentümern von den Wohnungen der Urgroßväter Besitz ergriffen haben. Die Altbauviertel der Oststadt und der benachbarten List sind „in": Im Umfeld der Bummelstraße Lister Meile wohnen viele Alternative oder solche, die es um 1968 waren. Und sich danach mit Erfolg etabliert haben.

New life in old houses

A red brick facade: That is the signature of the Hanover School of architecture, which made this Neogothic style the leading fashion in Hanover in the second half of the 19th century. (Photopage 86) Like this house in the eastern part, many residences survived the destruction of the war and the tearing down that followed. Balconies full of plants signalise that a new generation of renters and owners has taken over the flats of its grandfathers. The old houses in Oststadt and neighbouring List are "in": Around Lister Meile there live many people who are so-called "Alternatives" (hippies), or people who were in 1968. And later established themselves successfully.

Nouvelle vie s'éveillant au sein d'anciennes maisons

Une façade en briques rouges représente le style de l'école d'architecture de Hanovre, nommé "néo-gothique", et qui est devenu le principal style de construction de la seconde moitié du XIXe siècle pour l'urbanisme de Hanovre (photo page 86). Beaucoup d'immeubles ont pu, comme celui-ci, échaper à la destruction pendant la guerre et à la rage de démolition de l'après-guerre. Les balcons recouverts de verdure prouvent qu'une nouvelle génération de locataires ou de propriétaires s'est emparé des appartements des arrière-grands-pères. Les quartiers en construction ancienne de la "Ostadt" et de la "List" voisine sont "en vogue": aux alentours de la rue Lister Meile, une avenue-promenade, habitent écologistes et soixante-huitards.

Romantik im Zoo – wieder gefragt

Indische Elefanten vor der romantischen Kulisse einer neu erbauten Phantasiewelt: Mit Dschungelpalast (Foto Seite 88/89), Gorillaberg und Bauernhof hat sich der hannoversche Zoo von der nüchternen Tierpark-Architektur der sechziger Jahre verabschiedet. Der Erfolg gibt den Initiatoren Recht. Die 21 Hektar voller Vögel, Robben, Affen, Raub- und sonstiger Tiere gehören zu den beliebtesten Freizeiteinrichtungen der Region, ziehen Besucher aus weiten Teilen des Landes an. Eröffnet wurde der Zoo am Rand der Eilenriede 1864. Was der Zweite Weltkrieg an historischen Bauten mit Türmchen, Minaretts und künstlichen Felsen übrig gelassen hatte, wurde ein paar Jahre später abgerissen. Heute ist genau diese Romantik wieder gefragt.

Romance is called
for again in the zoo

Indian elephants in front of a romantic scene of
a newly-created fantasy world: With "Jungle
Palace" (photo page 88/89), "Gorilla Mountain" and a farmyard the Hanover zoo has bid
the stern zoo-architecture of the Sixties farewell.
The results have proven the initiators right. The
21 hectares full of birds, seals, monkeys, big
game and other animals are one of the
favourite recreational areas in the region and
attracts visitors from all over the country. The
zoo on the edge of Eilenriede was opened in
1864. What was left of the historical buildings
with turrets, minarets and artificial cliffs after
the war, was torn down some years later. Today
it is just this romantic style that is favoured.

Parcs zoologiques romantiques
à nouveau populaires

Des éléphants indiens devant le panorama
romantique d'un monde fantaisiste récemment
bâti: le zoo de Hanovre a finalement changé de
face. L'architecture sobre des années soixante
n'est plus. On a installé un palais de jungle
(voir la photographie page 88/89), une colline
pour gorilles et une ferme. Le succès confirme
la justesse de cette initiative. Les 21 hectars de
ce zoo comprennent oiseaux, phoques, singes,
fauves et d'autres animaux, et figurent parmi
les parcs d'attractions les plus populaires de la
région. Le zoo attire les visiteurs de vastes
régions de la Basse-Saxe. Le parc zoologique fut
inauguré au bord de la "Eilenriede" en 1864. Les
parties des constructions historiques tels les
minarets, petites tours et rochers artificiels que
la guerre n'avait pas ravagées, furent démolis
quelques années plus tard. Aujourd'hui, cette
atmosphère romantique est à nouveau en
vogue.

Idyll im Stadtwald

Idyllische Bachpartie in der Eilenriede: Sanftes Licht fällt durch das Blätterdach der alten Bäume. Der 660 Hektar große Stadtwald ist der Stolz der Hannoveraner, denen er seit 1371 gehört. Die Eilenriede ("feuchter Wald") reicht mit Ausläufern an die Innenstadt und an den Maschsee heran, ist im Osten mit dem ehemals königlichen Tiergarten verbunden. Mittelalterliche Vorposten der Stadt wie Steuerndieb, Lister oder Kirchröder Turm entwickelten sich zu beliebten Waldwirtschaften oder Biergärten. Die vordere Eilenriede zwischen Zoo und Lister Platz ist gespickt mit Plastiken und Denkmälern. Erholungssuchenden zu Fuß, auf dem Fahrrad oder Pferd stehen 42 Kilometer Wege zur Verfügung.

Idyllic town forest

Idyllic Eilenriede: Gentle light falls through the canopy of leaves under the old trees. Hanover is proud of its 660-hectare forest, which it has had since 1371. Stretches of Eilenriede ("damp woods") reach the inner city and Masch Lake, and it is connected with the royal zoo in the east. Middle Age outposts such as "Steuerndieb", Lister or Kirchröder Tower developed into popular forest pubs or beer gardens. The part of Eilenriede between zoo and Lister Place is dotted with sculptures and monuments. Those who seek recreation on foot, by bike, or on horseback have 42 kilometres of trails to choose from.

Idylle de la forêt "Stadtwald"

Une partie idyllique d'un lit de ruisseau dans la "Eilenriede": une douce lumière se pose sur le feuillage des vieux arbres. La forêt urbaine, dont la superficie est de 660 hectars, satisfait la fierté des Hanovriens qui la possèdent depuis 1371. La "Eilenriede" ("forêt humide") s'étend jusqu'au centre-ville et le lac "Maschsee" qu'elle frôle à peine, et est lié à l'est au jardin zoologique royal. Des avants-postes médiévaux de la ville, tels le "Steuerndieb", le "Lister" ou la tour "Kirchröder Turm" sont aujourd'hui des auberges forestières ou des "Biergärten" (jardins aménagés pour la consommation de la bière) populaires. Des sculptures et monuments peuplent le front de la "Eilenriede", entre le zoo et la place "Lister Platz". Les promeneurs (à pied, à bicyclette ou à cheval) qui viennent pour se reposer, bénéficient d'un réseau de chemins long de 42 kilomètres.

Winterpracht am Großen Garten

Tiefer Schnee bedeckt die Friederikenbrücke (vorn). Sie überspannt dieGraft, den 28 Meter breiten Wassergraben, der den Großen Garten von drei Seiten umschließt. Überzukkert stehen auch die alten Linden-bäume der Randallee des Barockparks in Reih und Glied (rechts). Selten können sich die Hannoveraner über eine so üppige weiße Pracht freuen. Vorherrschend westliche Winde und die Nähe zur Nordsee sorgen meist für mild-feuchte Winter. Manchmal aber schlägt der Ostwind zu. Dann ist Winter in Hannover wie auf diesem Foto. „Früher", sagen die alten Leute, „früher war es immer so".

Winter's majesty in the Great Garden

Deep snow covers Friederiken Bridge (front). It spans the Graft, a 28-meter-wide waterway, which borders the Great Garden on three sides. The old lime-trees on Rand avenue in the Baroque Park stand in straight rows under fine powder. The people of Hanover seldom can enjoy so much white splendour. Mostly west winds and the proximity to the North Sea cause a mild, damp climate. But sometimes the East wind strikes. Then winters in Hanover look like this photograph. The old folk say it used to be like this all the time.

Splendeur d'hiver au Grand Jardin

Le pont "Friederikenbrücke" est couvert de neige épaisse (premier-plan). Il franchit la "Graft", un fossé de 28 mètres de largeur et qui s'écoule tout le long du Grand Jardin, en l'entourant de trois côtés. On a l'impression que les vieux tilleuls de l'allée au bord du parc baroque sont couverts d'une couche de sucre (à droite). Ce panorama de blancheur splendide est rare à Hanovre. Les vents de l'ouest et la proximité de la mer du Nord impliquent généralement des hivers doux et humides. Mais parfois le vent de l'est riposte. L'hiver ressemble alors à cette photographie. "Dans le bon vieux temps", disent les personnes âgées, "tous les hivers étaient ainsi".

Michael Krische, Jahrgang 1947, ist gebürtiger Hannoveraner. Einer, der seine Stadt liebt – und der sie zu seinem Thema gemacht hat: Der Vater von drei Kindern arbeitet seit 1969 als Journalist in seiner Heimatstadt, seit 1987 als kommunalpolitischer Redakteur der „Neuen Presse". In der Stadtgeschichte kennt er sich so gut aus wie im Rathaus.

Michael Krische was born in Hanover in 1947. A man who loves his hometown – and has made it his favourite subject: The father of three children has worked in Hanover as a journalist since 1969. Since 1987 he has been the community-politics editor of "Neue Presse" (New Press). He is as familiar with the city's history as he is with the town hall.

Michael Krische est né en 1947, à Hanovre. Krische aime et adore sa ville natale – et en a fait son thème clé: père de trois enfants, il travaille depuis 1969 en tant que journaliste dans sa ville, depuis 1987 en tant que rédacteur du quotidien "Neue Presse" et y traite la politique communale. Il est un connaisseur de l'histoire de la ville tout aussi bien que des affaires de l'hôtel de ville

Bildnachweis

Alle Aufnahmen **H + Z Bildagentur, Hannover**, mit den Fotografen:
Bach/Opitz S. 38/39, 68/69, 70/71
Beaulieu, Ch. de S. 70, 75
Bonanga, Lokumo: S. 40, 87
Deutschmann, Thomas S. 63, 48, 54, 84/85
Franke, Eberhard S. 7, 18, 23, 36/37, 44/45, 46/47, 49, 53, 56, 67, 82/83
Franke + Franke S. 86
Hecht, Heinrich S. 1 Umschlag (Titelfoto)
Hoffmann, Klaus S. 22, 28/29, 31, 58/59, 60

Klindwort, Joachim S. 88/89
Lübke, Jochen S. 55, 38, 90/91
Reinecke, Ulli S. 62, 72/73
Rios, Carlos S. 27, 42/43, 66, 78/79
Schug, Bruno S. 34, 92/93
Trebbin, Frank S. 17, 24/25, 32/33, 57/58, 87, 94
Zimmermann, Manfred S. 20, 26, 30, 60/61, 76/77

Unser Verlagsprogramm

Hamburg

Alstertal im Wandel, das
Altona im Wandel
Barmbek im Wandel
Bergedorf, Lohbrügge, Vier- und Marsch-
lande im Wandel
Bramfeld, Steilshoop im Wandel
Große Feuerwehr-Buch Hamburg, das
Große Polizei-Buch Hamburg, das
Eimsbüttel im Wandel
Eine Stadt überlebt ihr Ende – Feuersturm
in Hamburg 1943 (Video)
Elbvororte, die
Elbvororte im Wandel, die (zwei Bände)
Eppendorf im Wandel
Finkenwerder im Wandel
Geschichte der Hamburger Wasserversor-
gung
Hamburg im Bombenkrieg
Hamburg – Weltstadt am Elbstrand
Hamburger Dom –
        Das Volksfest des Nordens im
Wandel
Hamburgs Fleete im Wandel
Hamburgs Kirchen –
        Wenn Steine predigen
Hamburgs Straßennamen
        erzählen Geschichte
Harburg im Wandel
Harvestehude, Rotherbaum im Wandel
Konstruktion zwischen Kunst und
        Konvention
Langenhorn im Wandel
Neue Hamburg, das
Niendorf, Lokstedt, Schnelsen
        im Wandel
Polizei im Einsatz (Video)
Rothenburgsort, Veddel im Wandel
Schmidt, Johannes –
        In Alt-Stormarn und Hamburg
Schumacher, Fritz – Mein Hamburg
Süderelbe – Region der Gegensätze
St. Pauli im Wandel
Walddörfer im Wandel, die
Winterhude im Wandel

Schleswig-Holstein

Ahrensburg im Wandel
Bad Segeberg im Wandel
Eckernförde – Portrait einer Ostseestadt
Flensburg, Glücksburg,
        Holnis im Wandel
Fontane in Schleswig-Holstein und
        Hamburg
Itzehoe im Wandel
Norderstedt – Junge Stadt im Wandel
Pinneberg im Wandel
Reinbek und der Sachsenwald
Stormarn – Geschichte, Land und Leute
        – ein Porträt
Sylt – Menschen, Strand und Meer
        im Wandel
Sagenhaftes Sylt
Sylt – Inselgeschichten

Niedersachsen

Altes Land, Buxtehude, Stade im Wandel
Braunschweig – Löwenstadt zwischen
        Harz und Heide
Cuxhaven – Stadt am Tor zur Welt
Göttingen – alte Universitätsstadt
Hannover im Wandel
Hannover – Hauptstadt der Niedersachsen
Die List (Hannover) im Wandel
Lüneburg – alte Hansestadt
        mit Tradition
Papenburg – Fehnkolonie an der Ems

Nordrhein-Westfalen

Bielefeld – Kaufmannsstadt
Krefeld – Seidenstadt
Mönchengladbach – Stadt zwischen Rhein
und Maas

Baden-Württemberg

Heilbronn – Stadt am Neckar
Ludwigsburg – Stadt der Schlösser und
        Gärten

Bayern

Mittenwald – Geigenbauort zwischen
        Karwendel und Wetterstein
Rosenheim – Tor zum Inntal
Garmisch-Partenkirchen – Herz des
        Werdenfelser Landes